ショートストーリー
でらくらく学べる
コンプライアンス

～緑山優子のコンプライアンス事件簿～

第一法規

はじめに

「コンプライアンス」という言葉、はじめて聞きますか？

それとも、毎日、テレビやネットで見聞きして、「うるさい世の中だな」と思っていますか？

「コンプライアンス」は、「法令や社会規範などを守り、社会からの信頼に応えること」です。現代社会には、法令や会社の就業規則など、様々なルールが存在し、私たちは、それらを守って生活し、仕事をしなければなりません。社会人として働いている以上、コンプライアンスは避けては通れないものなのです。

本書は、映像商品『ミニドラマで学ぶコンプライアンスＶｅｒ．３』のうち30本のドラマを、ショートストーリーにしたものです。各テーマ、６頁のショートストーリーとまとめで構成し、短時間で、コンプライアンスに関するさまざまなテーマの内容が理解できるように編集しています。

「自分には関係ない」と思いがちなコンプライアンスですが、その中身を知ることは、必ず、あなたを守ってくれるはずです。

本書が、少しでも、あなたのお役に立つことができれば幸いです。

もくじ

※映像商品『ミニドラマで学ぶコンプライアンスVer.3』と、内容が連動しているCASE（法令順守編）は、頁番号の下に映像のCASE番号を記載しています。

もくじ

UNIT5 社会

※本書は、二〇一六年八月一日までに公布された法令等にもとづいています。

舞台となる会社・登場人物紹介

◇舞台

舞台となるのは、コンプラ株式会社。

食品製造関連の製品などを手掛けるメーカー。従業員約600名の中堅企業。国内とアジアに営業拠点を持つ。取引先は、食品メーカーやスーパーなどの小売店等、多岐に渡る。

本書では、販売促進部営業第一課のメンバーが、コンプライアンスに関わる様々な問題に直面します。

本書で使用されている人物名や会社名などは、実在のものと一切関係ありません。

◇登場人物

緑山 優子（36） 入社13年目

営業第一課リーダー。一課に配属になって5年。課内のゆるい雰囲気を改善すべく、もともと関心があったコンプライアンスを勉強し、今では課の“コンプライアンスリーダー”でもある。

本書では、コンプラ株式会社で起こる事件の現場に登場し、事件を解決に導く。

青木 千夏(25)　入社3年目

課内最年少の元気社員。前向きな姿勢が先輩社員の背中を押すこともある一方、コンプライアンスの知識不足から、積極的な行動が危うさと裏腹になる場合もある。

白石 亮一(31)　入社8年目

地道に営業成績を上げている営業マン。中堅どころとして課内の期待も高まる一方、強気の相手にはつい弱腰になってしまい、コンプライアンス軽視の流れに身を任せてしまうこともある。青木のよき相談相手。

黄田 良男(43)　入社20年目

営業第一課課長。一課の生え抜き社員。憎めない性格と粘り強さが売りで、取引先からの信頼も厚い。営業実績を買われて課長に昇進したが、コンプライアンスに関してはやや心もとない一面も。

CASE 1
コンプライアンスと内部通報

～ルール違反は見過ごさない！～

コンプライアンス意識にはやや不安がある課長の黄田。成長途上の若手社員二人……。コンプライアンスリーダーの緑山が目を離すと、すぐに問題発生 !?

さてさて、今日はどんな事件が起こるのでしょうか？

もしも、職場で上司がこっそり悪いことをしていたら、あなたはどうしますか？

従業員約六百人を抱えるコンプラ株式会社――主に食品製造関連の製品を手がけており、創業三十五周年を迎える今、手堅い商法によって築いた土台のうえで、ますます発展を遂げる注目の中堅企業である。

冬特有の乾いた空気も去り、うららかな日和の春の日。東京の某所にあるコンプラ株式会社の本社オフィスの三階を、一人の女性が歩いていた。

コンプラ株式会社の社員で、営業第一課に所属する彼女は青木千夏。額を出したポニーテールと、あどけなさの残る顔立ちが、働く女性というより部活に精を出す女子高生を思わせる。

休憩時間を利用して給湯室に向かっていた青木は、暖かな日差しに触発され、誰もいないのをいいことにあくびをした。

すると、偶然通りかかった会議室に、課長――黄田良男らしき人物が入っていくのを見かけた。何気なく扉に近付いた時、

「……ちょっと、お話が……」

中から低い男性の声が聞こえてきて、中に入っていく黄田らしき人物の背中を見かけたことから、思わず立ち止まり、聞き耳を立ててしまう。

どうやら、誰かと電話で話しているようだ。

「今度予定してるやつあるでしょう。そう、来月の。あれを今月の売上に入れさせてもらえないかな……そう、今期の数字がもうひとつで……」

話しながら移動でもしているのか、後半部分はほとんど聞き取れない。

青木は会話の内容に疑問を感じ、首をひねりながらも、会議室の前を離れ、給湯室に向かった。

しかし、お茶を入れている間も、先ほどの奇妙な言葉が頭の中でぐるぐると回っている。

「どうしたの？　ぼーっとして」

声をかけられて青木が顔を上げると、給湯室の入り口に先輩の緑山優子が立っていた。ボブカットと洗練された立ち振舞いは、いかにもキャリアウーマンといった印象で、青木とは対極の女性だ。

「あ、緑山さん……実はさっき、気になることを聞いたんです」

モヤモヤした気持ちを晴らせたらと、青木は先ほど会議室で偶然聞いてしまった黄田のセリフと、自分の予想を緑山に伝える。

「あれって、やっぱり粉飾決算……っていうことでしょうか？」

事実そうだとしても、相手は課長だ。営業第一課で一番の下っ端である自分が異議など唱えられるはずもない。

そう考えてうなだれる青木の肩を、緑山がつかんで目線を合わせる。

「いい、青木さん？」

法令や社内規則に反することを指示されたり、見聞きした場合は、信頼できる上司や先輩に相談した方がいいわ。そういう相手を作っておくのが一番いいけれど、もしいないのなら、会社の内部通報窓口や外部通報窓口に相談すること。

今回みたいな問題は、本当は社内の通常の業務ラインの中で解決されることが理想だけど、それが難しい場合は、さっき挙げたような通報窓口を活用するといいわ。ちなみに、公益通報者保護法は、一定の要件の下に通報者に対する解雇その他の不利益な取扱いを禁止しているのよ。

大切なのは『誰かのルール違反も、みんなのために見過ごさない』ってことなのよ。

「なるほど……」

感心しきりの青木から手を離し、緑山は腕時計を確認した。

「休憩が終わるまでは……まだ少し余裕があるわね」

「どこか行かれるんですか？　コーヒーを淹れにきたんじゃ……」

「のんびりコーヒーなんて飲んでる場合じゃないわ。早く課長をつかまえて、粉飾決算なんてやめるよう説得しないと」

「ええ!?」

コツコツとヒールの音を響かせながら廊下へ出ていく緑山を青木があわてて追いかける。

「説得って……そんなことやって大丈夫なんですか!?」

「さっきも言ったでしょ。ルール違反を知っててそのままにしてはダメなのよ。みんなの目があるところではさすがに切り出しづらいし、課長が会議室にいる間に説得しないとね」

そんなことを話しながら、青木と緑山は廊下を進み、やがてうんざりした顔つきの黄田が会議室から出てくるのを発見した。

「課長、ちょっとよろしいでしょうか」

緑山に有無を言わせぬ口調で呼び止められ、黄田は眼鏡の奥の目を白黒させる。

「緑山さんに青木さんじゃないか。二人そろってどうしたんだ？」

「さっき、聞き捨てならないことを聞いたんですが」

「な、なんのことだ？」

緑山の剣幕にたじろぐ黄田に、意を決した青木が疑問をぶちまける。

「課長、さっきなんの電話してたんですか？　あれじゃ、粉飾決算になっちゃいますよ！」

しん、と場が静まり返る。黄田は何を言われたのかわからないような顔で、口を半開きにしたまま固まっていた。

「あれ？　さっき、会議室の中で来月の売上を今月分に上乗せするとか話してましたよね？」

青木がそこまで話したことで、ようやく黄田は合点がいったような顔でうなずいた。

「あー、さっきの……。違うよ、あれは三課のやつ。むしろ、そういう不正をするなって、取り消しの電話をかけさせてたんだ」

やれやれといった様子で説明してくれる黄田の言葉がいまいち理解できず、すぐに反応できない青木に、一足早く事態を飲み込んだ緑山がひかえめに言った。

「青木さん……電話していたの、本当に課長だったの？」

「えっ」

そう言われて、青木は先ほど目撃した光景を思い出してみる。

黄田の背中を見た後で、男性の声を聞いたが、彼が携帯電話を持っているところをはっきり見たわけではない。

ということは、あの会議室の中には二人いて、電話をしていたのは黄田ではなかったということだ。

自分の早合点に気づき、青木は失態に頬を染めた。

「そういうことだったんですね！　すみません、私、てっきり課長だと思って……」

「そんな電話しないよ。それより、俺みたいな美声は滅多にいないんだから間違えるなよ」

「えー、そこですか！」

青木が思わず突っ込みを入れた時、休憩時間の終わりを告げるチャイムが鳴る。

「それじゃあ、オフィスに戻るか」

おっちょこちょいな部下の勘違いに目くじらを立てることもなく、黄田はオフィスに戻るため廊下を歩き出す。

青木と緑山は、その背中を追いかけたのだった。

CASE1＊POINT

【今回の事件】

1 青木は、黄田課長らしき人物が誰かと電話している声を聞いた

2 電話の内容が、粉飾決算の相談をしているように聞こえたので、不安になった

優子からのアドバイス

1 法令や社内規則に反することを指示されたり見聞きした場合は、信頼できる上司や先輩、もしくは会社の内部通報窓口や外部通報窓口に相談する

2 公益通報者保護法は、一定の要件の下に、通報者に対する解雇その他の不利益な取扱いを禁止している

3 ルール違反を知って、そのままにしてはいけない

＊ NGチェック＊

・職場で法令違反を目にしても、黙っていた方がいいと思うことがある

・通報したら、逆に自分が不利益な扱いを受けそうだと思う

・通報しても、きちんと対応してくれないだろうと思う

CASE 2
労働契約と従業員の義務

～公私の区別をつけよう！～

コンプライアンス意識にはやや不安がある課長の黄田。成長途上の若手社員二人……。コンプライアンスリーダーの緑山が目を離すと、すぐに問題発生 !?

さてさて、今日はどんな事件が起こるのでしょうか？

勤務時間中、「ちょっとだけだから…」と、プライベートの用事を済ませたり、業務と関係のないことをしたりしていませんか？

ある春の日、コンプラ株式会社。

ネクタイをゆるめてスーツの上着を着くずした男性が、早足で三階の廊下を歩いていた。彼は白石亮一。営業第一課で、堅実に成績を上げる課内の期待の星とも呼べる営業マンだ。やわらかい雰囲気とイケメンの部類に入る整った顔立ちに加え、清潔感も女性社員から人気のある理由なのだが、今は暖かすぎる陽気に我慢できず、なんともだらしない格好をしていた。

声にならない声で初夏のような気温に文句を言っていると、ちょうど営業第一課のオフィスの戸口で、出てきた誰かと軽くぶつかる。

「おっと、ごめんね。あっ、青木さんか」

入ろうとしていた白石とは逆に、廊下に出ようとしていた青木千夏は、先輩である白石の顔を見て、あどけなさの残る顔に笑みを浮かべた。

「おかえりなさい。どこのお客様に営業だったんですか？」

「えーと、あれだよ」

青木の何気ない質問に対し、なぜか白石は目をそらしながら、オフィスに設置されているホワイトボードを指さした。そこには、営業第一課に所属する社員の名前が書かれたプレートが並んでおり、白石の欄には、三か所の得意先に営業に向かうと書かれていた。

「ずいぶんと長引いたんですね。何か問題でも起きたんですか？」

出かけたのは朝なのに、今の時間はもうすぐ十六時になろうとしている。

青木の問いに、またもや白石の目が泳ぐ。

「いや、全然？　むしろ順調だったよ」

言葉と帰社時刻の食い違いに、変なところで鋭い青木が探るような目つきになる。

白石には、時々こうしてふらりといなくなる時があるのだ。

「……もしかして、私用ですか？」

「悪い悪い。ちょっと急ぎの振込みがあって、遠くの銀行に寄ってたんだよね。ほら、十八時過ぎると時間外手数料を取られるからさ」

「白石さんって、意外とケチくさいんですね」

「倹約家って言ってくれよ」

先輩の意外な一面を知ったことで、空白の時間の謎が判明した青木は納得してトイレに向かい、白石は少しくずした襟元を手であおぎながら自分の席に戻る。

その様子を、二人の先輩である営業第一課のリーダー、緑山優子が物言いたげに見ていることにも気づかず——。

女子トイレの個室に入った青木は、ふたが閉まったままの洋式便器に腰かけると、ポケットから携帯電話を取り出した。

慣れた手つきで人差し指を動かし、目的のアイコンをタップする。立ち上げたのはSNSだ。

『来週のライブのチケット余ってる人いない？』

青木の呼びかけに対し、仲の良い友人たちから反応はあったものの、どうやら余っている人はいないらしい。

ムカムカした気持ちのまま、気分を紛らわすようにネットのニュースを追う。すると、ふいに視界に飛び込んできた一文に、ぎょっとして便器から立ち上がった。

そこに記されていたのは、青木の大好きなアーティストが電撃結婚したという情報だったのだ。

「はあああ⁉　ちょっと、これ、どういうこと⁉」

そう大声で叫んでしまった青木は、トイレで手を洗う緑山が立てる物音にも気づかず、しばらく、そのアーティストへの不満をぶつけまくっていたのだった。

仕事に一区切りつけた緑山は、鋭い目をきりりとつり上げ、営業第一課のオフィスの前で仁王立ちしていた。

廊下側を向き、後輩二人を待ち受ける。

しばらくしてやってきたのは、トイレを出た青木と、給湯室でコーヒーを淹れ、あくびをしながらやってきた白石だ。

緑山の形相に、二人はぎょっとして立ち止まる。

「白石さん、青木さん……あなたたち、ちょっと気がゆるみすぎなんじゃない？」

たじろぐ二人をにらみながら、緑山は腕を組んで説明を始めた。

労働契約法では、労働者と使用者は、労働契約を順守するとともに、信義に従って誠実に、権利を行使し、義務を履行しなければならないと定められているの。

私たち従業員は、会社に対して、仕事に誠実に従事し、業務上の指示に従う「誠実労働義務」、勤務時間中は仕事とは関係のないことはせず自らの職務に専念する「職務専念義務」、職場の秩序を守る「企業秩序遵守義務」などを負っているわ。今回の件で言うと、営業が終わってからすぐ帰社せずに私用を済ませていた白石さんや、勤務時間中にもかかわらずトイレで携帯電話をいじっていた青木さんは、「職務専念義務」に反していることになるわね。

多くの企業では、就業規則にこれらの義務を定めているわ。「ちょっとくらいなら大丈夫」っていう気持ちでサボり癖がついてしまうと、どんどん仕事に対する誠実さが失われていってしまうから、普段から公私のけじめをきちんとつけることが大切なのよ。

「すみませんでした！　勤務時間中は仕事に専念します！」

「私も同じくです！」

緑山の説明を受けて、白石と青木は同時に頭を下げた。

「わかればいいのよ。二人とも、今度から気をつけてね」

表情をやわらげた緑山に、白石はほっと胸をなで下ろし、青木はいまだ興奮冷めやらぬ様子で緑山にからむ。

「そういえば緑山さん、聞いてくださいよ。実は私の好きなアーティストがですね……」

「トイレで叫んでたから知ってるわ。それに関する愚痴なら、今度ゆっくり――」

「よっしゃあ、ゴオオオオォォルッ!!」

オフィスに響き渡る歓喜の声。三人は声の主を同時に振り返った。

三人の視線を受け、オフィスチェアに座ってサッカー中継を映す携帯電話をながめていた営業第一課の課長、黄田良男が、はっと我に返る。

「か〜ちょ〜う〜……」

緑山の静かなる怒りのこもったまなざしに、黄田はあわてふためきながら姿勢を正すと、「仕事、仕事」とわざとらしくつぶやきながらキーボードを叩き始めた。

「さっ、僕たちも仕事、仕事」

「はい！」

調子よくデスクに戻る後輩二人と、目を離したら何をするかわからない上司をながめ、緑山はやれやれと肩をすくめるのだった。

CASE2＊POINT

【今回の事件】

1 白石が、営業のついでに私用を済ませていた

2 青木が、勤務時間中に、プライベートの SNS に書き込んだり、ニュースを閲覧したりしていた

優子からのアドバイス

1 労働契約法では、労働者と使用者は、労働契約を順守するとともに、信義に従って誠実に権利を行使し、義務を履行しなければならないと定められている

2 従業員は、会社に対して、誠実に労働する義務や、勤務時間中は仕事とは関係のないことはせず自らの職務に専念する義務、職場の秩序を守る義務などを負っている

3 「ちょっとくらいなら大丈夫」と思わず、公私のけじめをきちんとつけることが求められる

＊ NGチェック＊

・外出時に、私用でお店などに長時間立ち寄ることがある

・外出中に、カフェなどで時間をつぶすことがある

・勤務時間中に、プライベートの SNS を閲覧している

CASE 3 適切な労働時間管理

～サービス残業は違法です～

コンプライアンス意識にはやや不安がある課長の黄田。成長途上の若手社員二人……。コンプライアンスリーダーの緑山が目を離すと、すぐに問題発生!?

さてさて、今日はどんな事件が起こるのでしょうか？

勤務時間を記録せずに残業をする、サービス残業。良くないことだけど、やむをえない場合もある、と思っていませんか？

コンプラ株式会社、営業第一課オフィス。

規則的に進む時計の針は、もうすぐ十九時を指そうとしていた。

窓から見える風景は、すっかり夜だ。外を見下ろせば、おそらく活気に満ちた定食屋や、帰宅中のサラリーマンの姿が見えることだろう。

とはいえ、白石亮一と青木千夏に、それをながめる余裕などない。

室内は、蛍光灯の白い光に照らされ、二人の生み出すカタカタというタイピングの音に満ちている。

一方、課長である黄田良男のパソコンは、すでに電源を落とされ沈黙している。黄田は少しよれたビジネスバッグに私物を放り込むと、明日のプレゼンで使用する資料を作っている部下二人に声をかけた。

「今日はお先に失礼するよ。君たちも、あまり無理しないようにな」

「お疲れさまでした」

手を止め、白石と青木があいさつする。黄田はうなずいてそのままオフィスを出ようとしたが、あることに気づいて足を止めた。

「お、そうだ。今日はノー残業デーだったよな」

コンプラ株式会社では、毎週木曜日はノー残業デーと定められているのだ。そのため社員は、家族・恋人の誕生日など、一大イベントがその日とかぶることを祈りながら、毎月カレンダーをチェックする。

「そうでしたね」とつぶやきながら、白石はデスクの端に積まれたファイルの束をちらりと見る。

どう見ても、あと数分で終わる量ではない。

黄田もそれに気づき、「大丈夫なのか?」と心配そうに声をかけてきた。

「ええと……でもこれは、僕の仕事が遅くて追いついてないだけなんで、残業はつけないようにします」

白石の殊勝な態度に、黄田は笑顔で彼の肩を叩いた。

「いい心がけだ。若いうちはそういう心意気も必要だな。そっちは?」

話を振られた青木は、腕時計で素早く時刻を確認した。こちらも、やはりあと数分で終わる量ではない。

「今日はまだ帰れそうにないんですけど……、タイムカードはもう通してますので、残業にはなりません」

「そうかそうか。じゃ、お先に!」

上機嫌で帰っていく黄田の背中を見送ったのもつかの間、青木はあわただしく仕事を再開し、白石も疲れた顔で再びパソコンの画面とにらめっこを始めた。

結局、二十一時前までかかってようやく仕事を終わらせた二人は、休憩スペースでコーヒーを飲みながらぐったりとうなだれていた。

「つっかれた～」

「今日は忙しかったな……」

甘党の青木だけではなく、いつもは無糖を好む白石までもが、甘ったるいカフェオレをごくごくと飲む。忙しさのあまり、ろくに休憩も挟まなかった二人は、疲れ果てた様子で座っていた。

「こんなに忙しいのにノー残業デーっておかしくないですか？　明日に持ち越すことができない仕事だから今日やらなきゃいけないのに、残業代はもらえないなんて……」

まだ営業第一課に配属されて三年しか経っていない青木は、それほどサービス残業の経験が多いわけではない。

このご機嫌ななめっぷりから想像するに、観たいテレビ番組でもあったのだろうか。白石はそんなことを思いながら、空になったカップをながめた。

「しょうがないよ。会社だって楽じゃないんだろうし」

その時、自分たち以外誰もいないと思っていた休憩室で、二人の背後から、音も立てずに先輩の緑山優子があらわれた。

「二人とも、サービス残業って違法なのよ！」

「緑山さん!?」

「いったい、いつからそこに……!?」

突然の先輩の登場に目を白黒させる二人の疑問をひとまず脇において、緑山は説明を始めた。

労働基準法では、「使用者は、労働者に、原則として、休憩時間を除き、一日について八時間、一週間について四十時間を超えて、労働をさせてはならない」と定められているの。これを法定労働時間といって、法定労働時間を超える労働を時間外労働っていうのよ。時間外労働をさせるためには、あらかじめ時間外労働についての労使協定――労働基準法の第三十六条で規定されていることから三六（さぶろく）協定とも呼ぶけれど、その協定を結んで、就業規則で時間外労働について定める必要があるわ。

企業には、時間外労働に対して、法律で決まった割合による割増賃金を支払う義務があるの。

労使協定を結ばずに、あるいは割増賃金を支払わずに時間外労働をさせることは、労働基準法に違反するわ。だから、サービス残業は労働基準法違反なのよ。

「こんなことがないように、私から課長に話しておくわね」

「ありがとうございます！」

姿勢を正して顔を輝かせる二人に満足そうにうなずいて、緑山は休憩室を出ていく。

青木は頼りになる先輩を見送りながら、しみじみと「サービス残業ってやっぱり良くないですね」とつぶやいた。

「うん。これからは頑張って時間内に仕事を終わらせよう。終わらなければ、きちんと課長に相談だ」

「そうですね。よし決めた！　これから仕事は白石さんに任せて、早く帰ろうっと！」

「おいおい、そんなこと勝手に決めるなよ」

後輩の冗談に苦笑する白石と、残業から解放されていくらか気分が上向きになっている青木は何気ない話で盛り上がっていたが、

「そういえば、ノー残業デーなのに、なんで緑山さんここにいたんだろう？」

「さあ……？」

二人の中に、答えを知る者がいない謎だけが残されたのだった。

CASE3＊POINT

【今回の事件】

1 白石と青木は、ノー残業デーだが、仕事が終わらないためサービス残業をしており、黄田はそれをいい心がけだとほめていた

優子からのアドバイス

1 労働基準法では、「使用者は、労働者に、原則として、休憩時間を除き、一日について8時間、一週間について40時間を超えて、労働をさせてはならない」と定められている（法定労働時間）

2 法定労働時間を超える労働を時間外労働という

3 時間外労働をさせるためには、あらかじめ時間外労働についての労使協定（三六協定）を結び、就業規則で時間外労働について定める必要がある

4 企業には、時間外労働に対して、割増賃金を支払う義務がある

5 労使協定を結ばずに、あるいは割増賃金を支払わずに時間外労働をさせること（サービス残業）は、労働基準法に違反する

＊ NGチェック＊

・「自己啓発」などの名目で、残業時間を記録せずに残業をしている人がいる

・定時で帰る人は、周りから非難の眼で見られる

・残業を申請しづらい雰囲気なので、サービス残業している

CASE 4 メンタルヘルス不調の予防

～同僚の変化に気づこう～

コンプライアンス意識にはやや不安がある課長の黄田。成長途上の若手社員二人……。コンプライアンスリーダーの緑山が目を離すと、すぐに問題発生 !?

さてさて、今日はどんな事件が起こるのでしょうか？

部下や同僚の元気がないとき、あなたはどのように対応しますか？

「はぁ……」

時刻は、八時五十五分。始業時刻まであと五分しかない。

トイレからオフィスに戻る途中、コンプラ株式会社の三階の廊下を歩いていた緑山優子は、とぼとぼ歩きながらため息をつく後輩を見かけ、思わず足を止めてしまった。

なぜなら、今、すれ違った人物——青木千夏は、常にはつらつとしており、こんな風に肩を落としている姿はめずらしいからだ。

「ちょっと、青木さん。どうしたの？　なんだか元気がないわね。具合でも悪いの？」

緑山に声をかけられ、青木は、「あ、緑山さん……」と言って、少し困ったような顔になった。

「そういうわけじゃないんです」

「そう……」

具合が悪くないのにつらそうな顔をしているということは、精神的な問題だろう。

緑山は腕時計で時刻を確認した。もう始業開始時刻まで三分を切っている。

気になるが、ここで長々と話をしている余裕はない。

「青木さん、よかったら今度、話を聞くわ」

そう言うと、青木は少しだけ笑ってくれて、緑山はほっと胸をなで下ろした。

そして時間は過ぎ、昼休憩になった。

お弁当と外食だったため、一緒に食事をすることはできなかったものの、ランチを終えた緑山は、青木の話を聞ければと思い、急いでオフィスに戻ってきた。

緑山は周囲を軽く見わたすが、青木の姿は見当たらない。

「休憩室かしら」

そうつぶやきながら、休憩室を見に行くと、ぐったりした様子の青木が座っていた。声をかけると、青木がぽつぽつと話し始める。

「実は最近、全然眠れてないんです」

「何か悩んでるの？　仕事のこと？」

「仕事というか、人間関係でちょっと――」


一方、オフィスにある自分の席に腰かけている白石亮一も、景気の悪いため息をついていた。

「はぁ……」

デスクにはコーヒーの入ったマグカップが置いてあるが、実は始業前に淹れたもので、当然ながら冷めきっている。

今日の白石は全く食欲がなく、コーヒーさえのどを通らないありさまだった。

「あれ、白石くん。今日は駅前に新しくできたラーメン屋に行くって言ってたのに」

とっくにランチを終えた課長の黄田良男が、そんな白石を見て目を丸くする。

声をかけられた白石は、「そういえば先週、そんなこと言ってましたね……」とぼんやりした様子でつぶやき、力なく首を振った。

「今日、そういう気分じゃないんで」

「めずらしいな。今日は急ぎの案件もないし、具合が悪いなら早退するか？」

「いえ、大丈夫です。……彼女も、仕事を頑張ってる人が好きだって言ってたし……」

「それって、まさか……」

そういえば、営業第三課の新人が、白石に気があるとか言っていたような。それが恋人にばれて修羅場に？

プライベートを仕事に持ち込むな——と叱りたいのはやまやまだが、今年で四十四歳、酸いも甘いも噛み分けた黄田は、男女関係のこじれの厄介さをよく理解している。

詳しい事情はわからないが、相当ややこしい事態になっているのは、年長者としての勘で間違いない。

そう考えた黄田は、

「あー、そのー、なんだ。あんまり深く考えすぎるなよ」

と当たり障りのないアドバイスをするのが精いっぱいだった。

十五時前。会議室で打ち合わせをしていた緑山と黄田。ふとしたきっかけで、部下二人の悩みについて話が出た。

「白石さんも悩んでるんですか？　青木さんも、最近元気がないので話を聞いたら、人間関係で悩んでいるみたいで。最近、あまり職場の雰囲気が良くないような……」

「そうなのか？　でも、人間関係っていうのは本人たち次第だからな。俺たちが変に干渉するのも――」

「課長。人間関係は個人の問題かもしれませんが、従業員のメンタルヘルス不調を予防するのは、管理職の責務でもあるんですよ」

黄田の言葉をさえぎり、緑山は少々あきれた様子で説明を始めた。

従業員のメンタルヘルス不調は、生産性の低下や事故の増加など、職場に多くのダメージをもたらすんですよ。

厚生労働省は、メンタルヘルス対策において、セルフケア、管理職によるラインケア、会社内の事業場内産業保健スタッフ等によるケア、会社外のサポートである事業場外資源によるケア、の四つのケアが継続的におこなわれることが重要だとしています。

メンタルヘルス不調を未然に防ぐためには、ストレスを和らげるための周囲の助けが大切です。管理職には、部下の変化を早期に発見したり、その相談に対応したり、仕事の量や質、人間関係も含めた職場環境の改善などの対策が求められるんですよ。それから一般社員も、周囲に対して声がけするなどのサポートを心がける必要があるんです。

「ちなみに、青木さんの悩みは、さっき話を聞いたのでいい方向に向かうと思います。今頃は元気になって、白石さんの相談を受けているんじゃないでしょうか」

「いやぁ、助かるよ。俺も今度から、もっと部下の悩みを聞いてやらなきゃな」

休憩室では、緑山のアドバイスにより、気持ちを切り替え悩みを解消した青木が、ぼんやりとしている白石に声をかけていた。

「ほら、白石さん！　悩みがあるなら話してください！」

青木のしつこさ——いや、熱心さに根負けし、白石はとうとう悩みを打ち明けた。

「実は、僕の好きな人が結婚しちゃったんだよ……仕事を頑張る人が好きって言ってたから、一生懸命頑張ってたのに……っ」

そう言って半泣きで突き出された携帯電話の画面には、一昔前に世間をにぎわせた女性アイドルが入籍したというスクープ記事が載っていた。

さすがの青木も困惑し、「え……そんなことで悩んでたんですか？」と禁句を口にしてしまう。

「そんなこと、だって……!?　いいか青木さん、彼女の魅力はだな――」

こうして緑山と黄田が戻るまでの間、青木は白石の人が変わったようなアイドル講義に無理やり付き合わされたのだった。

CASE4＊POINT

【今回の事件】

1 青木と白石が、人間関係で悩んでいるようで、元気がない

2 しかし、黄田は、人間関係は本人たち次第だと考えており、部下のメンタルヘルス不調の予兆に無関心である

優子からのアドバイス

1 厚生労働省は、メンタルヘルス対策において、セルフケア・管理職によるラインケア・会社内の事業場内産業保健スタッフ等によるケア・会社外のサポートである事業場外資源によるケア、の４つのケアが継続的におこなわれることが重要だとしている

2 管理職には、部下の変化の早期発見や、その相談への対応、仕事の量や質、人間関係も含めた職場環境の改善などのメンタルヘルス対策が求められる

3 一般社員には、周囲に対して声がけするなどのサポートを心がけることが求められる

＊ NGチェック＊

・お互いに仕事が忙しいので、同僚のことまで気が回らない

・同僚が落ち込んでいても、プライベートのことが原因のようであれば、何で悩んでいるか聞かないほうがよいと思う

・いつもと違う時に気づくようにと言われても、同僚のいつもの様子がよくわかっていない

CASE 5 派遣労働者の業務

～なんでも頼んでOK？～

コンプライアンス意識にはやや不安がある課長の黄田。成長途上の若手社員二人……。コンプライアンスリーダーの緑山が目を離すと、すぐに問題発生!?

さてさて、今日はどんな事件が起こるのでしょうか？

職場で一緒に働く派遣社員。どんな仕事でも頼んでよい、と思っていませんか？

暖かな日差しが差し込む、コンプラ株式会社、営業第一課オフィス。

そこには、いつものメンバーに加え、新しい顔が混ざっていた。

さらさらのストレートヘアを後ろでまとめた林美咲は、つい先日営業第一課に配属されたばかりの派遣社員だ。元気で物おじしない青木千夏とも、真面目でサバサバした緑山優子とも違う雰囲気を持っている。

身長はあまり高くなく、性格はひかえめで仕事もできる。基本的に他人と波風を立てないタイプなので、営業第一課にもうまく溶け込んでいた。

「林さん、悪いんだけど、お茶を淹れてくれるかな」

そう彼女に声をかけたのは黄田良男だ。課長である彼の頼みを受け、林は一瞬黙った後、小さく「はい」と答えて立ち上がった。

パソコンの画面をずっと見ていた黄田は気づかなかったようだが、青木と緑山は、雑用を言いつけられた林の困ったような横顔に気づいた。

林は、そのまま何も言わず廊下へ出ていく。

「林さんも嫌なら断ればいいのに。私、前に断ったことありますよ」

難しい顔つきで黙り込む緑山に、コピーを取るため偶然彼女の近くにいた青木はこそこそと耳打ちを続ける。

「やっぱり、入ってきたばかりだから断りにくいんですかね」

「そういう問題じゃないと思うけど……」

「こらそこ、いつまでも無駄話をしていないで仕事に戻るように！」

黄田の叱責が飛んできて、青木は唇をとがらせながら自分の席に戻っていく。

緑山はちらりと黄田の方を見て小さくため息をつくと、目の前の資料に意識を戻したのだった。


昼食を食べ終わった後、休憩室に向かった青木は、そこで同じ営業第一課の先輩である白石亮一にはち合わせた。

「あっ、白石さん」

「青木さんも、休憩？」

椅子に座りながらそういう白石の手にはコーラの入ったカップがある。

この人は黒い飲み物が好きだなぁ、とどうでもいいことを考えながら、青木は彼の前に腰を下ろして口を開く。

「そういえば白石さん、林さんのことどう思います？」

「派遣社員の？　仕事も早いし、おまけに美人だから、華になっていいなぁって思うけど」

「それ、私たちじゃ、華にならないって言いたいんですか？　緑山さんに言いつけますよ」

「うわ、それは勘弁。今のは冗談だよ。でも青木さん、なんかピリピリしてるね。もしかして、林さんにライバル意識持ってるとか？」

「違いますよ、もう！」

失礼なことと的外れなことばかり言う白石に怒りながら、青木はじろりと彼をにらんだ。

「林さん、派遣社員ってことは契約して来てもらってるってことですよね？」

「そうなんだろうけど、内容はよく知らないな。そういえば、課長に言われて今日一緒に残業することになってるんだ」

意外なことを聞いて、青木が目を丸くする。

「え？　なんの仕事ですか？」

「商品の検品。課長が『林さんに手伝ってもらったらすぐに終わるから』ってさ」

「それ、おかしいですよ」

そういう青木に少しおどろきながら、白石はよく飲み込めない様子でたずねた。

「それって、どれ？」

「課長が、林さんに雑用を押しつけすぎなことですよ。林さんは本来、デザイナーのはずなのに！」

「よく言ったわ、青木さん！」

突然そんな声が聞こえ、奥のパーテーションが勢いよく開く。

中からあらわれたのは、声の主である緑山だ。

「ええっ、緑山さん⁉　いつからそこにいたんですか⁉」

「いい？　二人とも」

青木の質問を聞き流し、緑山はポカンとする二人に説明を始めた。

派遣労働者っていうのは、派遣元企業に雇用される労働者のことで、派遣先企業の指揮命令を受けて派遣先企業に労務を提供するの。

派遣元企業と派遣先企業の間では、派遣労働者が従事する業務の内容があらかじめ契約で決められているわ。つまり、派遣先企業は、派遣労働者に対して、契約で決められていない業務を指示することはできないのよ。

派遣先企業は、労働の機会を提供することから強い立場にいることが多く、派遣労働者は契約範囲外の仕事を指示されても断りにくいの。だから、派遣先企業の管理職や担当者は、派遣労働者に任せる仕事がきちんと契約範囲内のものかどうか、仕事を指示する際に注意しなくちゃいけないのよ。


「やっぱり！」

緑山の説明を聞き終えた青木が眉をつり上げ、鼻息を荒くしている。

「まあまあ、青木さん！　そんなに興奮しないで」

飲み終えたカップをゴミ箱に投げ捨て、白石はあわてて青木をなだめた。

「青木さん、次に課長が同じようなことをしたら、私からビシッと言うわね」

そういう緑山の言葉に、青木は納得した様子で休憩室を出ていく。

それに続こうとする白石に、緑山はほほえみながら言った。

「そういえば白石さん、さっきの聞こえてたんだけど。私と青木さんじゃ、華になれないって言ってたけど、職場の華だなんだっていう発言自体、大問題だと思うけど」

口調が優しいだけに、緑山の怒りの強さを感じ、「す、すみません！」と、固まる白石。

緑山はその横をすり抜けてオフィスに戻っていった。


営業第一課のオフィス。緑山が仕事をしていると、鼻歌を歌いながら、名刺の束とファイルを手に、黄田が林のデスクに向かおうとして立ち上がった。

「課長、それどうするつもりですか！」

緑山がすくっと立ち上がって静止する。黄田は緑山の怒りにおどろきながら、「いや、林さんに名刺の整理を頼もうと思ってさ」とぼそぼそ答える。

「それは林さんの契約には含まれてませんよ！　お茶くみもですよ！　ご自分のことはご自分でやってください！」

「そ、そうか……、そうだったよな……」

すごすごと自分のデスクに戻っていく黄田の様子に、満足げな青木。林もほっとした表情を浮かべている。

その光景を見て、緑山は一件落着とばかりに自分のデスクに戻るのだった。

CASE5＊POINT

【今回の事件】

1 黄田が、派遣社員の林はデザイナーという契約内容で派遣会社から派遣されているにもかかわらず、契約外の雑用を頼んでいる

優子からのアドバイス

1 派遣労働者とは、派遣元企業に雇用される労働者のことをいい、派遣先企業の指揮命令を受けて派遣先企業に労務を提供する

2 派遣元企業と派遣先企業の間では、派遣労働者が従事する業務の内容があらかじめ契約で決められているため、派遣先企業は、派遣労働者に対して、契約で決められていない業務を指示することはできない

3 派遣先企業の管理職や担当者は、派遣労働者に仕事を指示する際にこの点に注意が必要である

＊ NGチェック＊

・社員の業務内容は、何でも派遣労働者にしてもらってもよいと思っている

・派遣労働者の契約内容を把握しないまま、仕事を手伝ってもらったことがある

・派遣労働者の好意に甘えて、何でも頼んでしまっている

CASE 6
男女の雇用機会均等

～機会の均等は大切です～

コンプライアンス意識にはやや不安がある課長の黄田。成長途上の若手社員二人……。コンプライアンスリーダーの緑山が目を離すと、すぐに問題発生!?

さてさて、今日はどんな事件が起こるのでしょうか？

女性だから・男性だからという理由で、やるべき仕事が違う、などと考えていませんか？

昼休憩を目前にひかえたコンプラ株式会社、三階会議室。

営業第一課のリーダーである緑山優子は、めずらしく緊張していた。正面には、直属の上司にあたる営業第一課課長の黄田良男が座っていた。

「課長、私、来期は管理職に挑戦したいと思っています。推薦していただけますか？」

基本的なデータしか持たない人事部に頼るより、毎日同じオフィスで仕事をしている黄田に推薦してもらう方が昇格につながる。そう思った緑山は、自己評価を書き込んだ人事考課表を彼に見てもらい、決断が下される時を待っていた。

きっと良い返事がもらえるはずだ、という期待は大きい。自分がいなければ営業第一課は回らない――というのはオーバーだが、少なくとも、リーダーの肩書きに恥じない働きはしているはずだ。

しかし、黄田の表情はくもっている。

「それは、もちろん、ただ……」

「な、なんですか？　私に何か、いたらない点が……？」

「そういうわけじゃないが、管理職になると転勤も増えるだろうし、残業時間も長くなるかもしれないぞ。確か、緑山さんのお母さんはあまり体調が良くないんじゃなかったたっけ？　君は女性だし、ゆくゆくは介護のことも考えないといけないだろ？　女性の管理職は、本人も周りも大変だし、あまりおすすめできないと思ってね」

「そんな……」

つらつらと話された内容に、緑山は言葉を失った。

なぜなら、黄田が緑山の昇格推薦に乗り気でない理由は、全て緑山個人の勤務実績にはなんの関係もなかったからだ。

「まぁ、一応視野には入れておくけど。あんまり期待しないでくれよ」

この話は終わりだと言わんばかりに、黄田が書類を手に席を立つ。そのまま、彼はさっさと会議室を出ていってしまった。

一人残された緑山は、最初こそショックでぼう然としていたものの、徐々にムカムカしてきて、こぶしをぐっと握りしめる。

「……納得できないわ」

そうつぶやくやいなや、緑山は立ち上がり、会議室を出た。

そして向かったのは、一階のオフィスにいた、黄田の上司である販売促進部の部長、中村博の元だ。

「部長、ちょっとよろしいですか」

「ああ、緑山さん」

穏やかな中にも少年のような雰囲気を持っている中村は、突然やってきた緑山におどろいた様子だったが、すぐに笑顔になって歩み寄ってくる。

「どうしたんだい？　何か急ぎの用件かな」

「ええ、まぁ。少々お時間いただけませんか」

緑山の静かな怒りを察したのか、中村は何も聞かないまま会議室に向かった。確かに、他の人間にはあまり聞かれたくない話だ。

会議室に着き、席に座るのももどかしく、扉を閉めた瞬間に緑山は先ほど黄田と交わした会話をかいつまんで話した。

「私、課長のお考えは納得できません」

「確かに……」

中村が同意してくれたことに安心しながら、緑山は続けた。

「そもそもですね……」

男女雇用機会均等法では、募集、採用について、性別にかかわらず均等な機会を与えなければならないと定められています。配置、昇進、降格、教育訓練、福利厚生などについても、労働者の性別を理由として差別的取扱いをしてはならないと定められているんですよ。

女性は一定の役職までしか昇進できない、お茶くみやコピーは女性の仕事、女性は結婚・妊娠などをしたら退職した方がいいなどという考え方は、男女雇用機会均等法の精神に反するものです。

性別以外にも、労働者の採用や募集にあたって、合理的な理由なく、身長・体重・体力に関する事項を要件とすることや、転勤経験の有無を昇格の条件とすることなども、男女雇用機会均等法では禁止されているんですよ。

「いやぁ、緑山さん、相変わらず物知りだね」

後輩たちに説明する時と同じように長々と話してしまったが、中村は感心した様子でうなずいていた。

「恐れ入ります」

「確かに、君の言う通りだ。さっそく私の方から、黄田さんにかけ合ってみよう」

「ありがとうございます、部長」

部長が直接説得してくれるなら心強い。

緑山は頭を下げ、三階のオフィスに戻ったのだった。

緑山が営業を終えてオフィスに戻ってくると、時刻は十七時を回っていた。

デスクに戻り、息を吐く。一件一件がかなり離れている場所なので、結果的に移動範囲が非常に広く疲れた。

「おかえりなさい。今日は遠くて大変でしたよね。お疲れさまです」

ねぎらってくれる後輩の青木千夏に軽くあいさつを返していると、デスクの上に影が落ちた。

何かと思って見てみると、黄田が立っている。

心なしか、眉がたれ、叱られた犬のような表情だ。

「課長、どうなさいましたか?」

「いや、昼のことを一言謝りたくてね。部長にまで話に行くほど君が本気だとも知らず、女性であることを理由にきちんと考えず、すまなかった。俺の考え方が間違っていた」

どうやら、中村は本当に黄田に話をしてくれたようだ。

仕事の早い部長に感謝しながら、緑山は黄田の下した結論を待った。

「君のキャリアアップのことは、前向きに考えるよ。君はとても優秀だからね」

待ちわびていた言葉に、緑山は顔を輝かせて頭を下げた。

「ありがとうございます！　これからも頑張って、課長や会社の役に立ってみせます」

気持ちが上向きになると同時に、身体の疲れも取れていくようだ。

「こんなにうれしそうな緑山さん、見るの初めて！」

ななめ前のデスクの青木が物めずらしそうに見てくる。それを少しだけ居心地悪く思っていると、青木は資料をビジネスバッグに詰め込んで立ち上がった。

「キャリアアップかぁ～、私も見習わないと！　ということで、商談に行ってきますね！」

元気よく出ていく青木の背中を見送り、緑山は晴れやかな気持ちで「いってらっしゃい」と言ったのだった。

CASE6＊POINT

【今回の事件】

1 緑山は管理職へ挑戦したいと希望しているが、黄田は女性だからという理由で推薦をしぶっている

優子からのアドバイス

1 男女雇用機会均等法では、募集、採用について、性別にかかわらず均等な機会を与えなければならないと定められている

2 男女雇用機会均等法では、配置、昇進、降格、教育訓練、福利厚生などについても、労働者の性別を理由として差別的取扱いをしてはならないと定められている

3 労働者の採用や募集にあたって、合理的な理由なく、身長・体重・体力に関する事項を要件とすること、転勤経験の有無を昇格の条件とすることなどは、男女雇用機会均等法で禁止されている

＊ NGチェック＊

・職場で、「男だから」「女だから」という意識や考えが言動に出てしまうことがある

・庶務、雑務は女性がやるものだという雰囲気がある

・同僚にも、「男らしさ」「女らしさ」をつい求めてしまう

CASE 7
セクシュアルハラスメントとは

～相手の立場に立って考えよう～

コンプライアンス意識にはやや不安がある課長の黄田。成長途上の若手社員二人……。コンプライアンスリーダーの緑山が目を離すと、すぐに問題発生!?

さてさて、今日はどんな事件が起こるのでしょうか？

あなたの職場では、みんなが嫌がるような「性的な言動」は行われていませんか？

コンプラ株式会社、昼休憩。

ランチを終えた営業第一課のリーダー・緑山優子は、しぶしぶ休憩室に向かっていた。

給湯室のポットが故障してコーヒーを淹れられないため、一課のオフィスから最も近い自動販売機を使うためだ。

自販機で買った方が味はいいが、無駄な出費である。今週は少し節約しようと思っていただけに、百二十円でも痛い出費だ。

ポットは一日でも早く修理するか、新しい物を購入してほしい。

そんなことを考えながら休憩室の中に入ろうとすると、どうやら先客がいたらしく、中から声が聞こえてきた。

「……その日は、ちょっと……」

聞こえてきた声に、緑山はぴくりと眉を動かす。声の主が、緑山の後輩である青木千夏だったからだ。

明らかに一人言ではない。電話か、誰かと会話しているのか。何にしても、常に明るい青木に似合わない沈んだ声が気になる。

緑山は休憩室の入り口で立ち止まると、無言で中の会話に耳をかたむけた。

「ちょっと、何？」

「二人きりで食事に行くのはちょっと……」

「何を言ってるんだ。せっかくこの機会に青木ちゃんと仲良くなろうってのに、他の連中を呼んだら意味ないだろ」

　青木と話している、いつもちょっと芝居がかったような話し方をするその声には聞き覚えがあった。営業第三課の課長、中野裕二だ。営業第三課の女性社員からはあまり良い評判を聞かないが、営業第一課の青木になんの用だろうか。

「美味しいイタリアンの店知ってるからさ、ご馳走してあげるよ。今日の夜とかどう？」

「今日は残業が……」

「いつも残業だって言って断るけど、そんなこと言ってていいのかな？」

　その時、緑山はジャケットの内ポケットに入れていたボールペンを引き抜くと、わざと床に落とした。カシャン、という乾いた音にさえぎられる形で、中野の声がぴたりとやむ。白々しくペンを拾う緑山。

　中野は、盗み聞きを責めるような目つきで緑山の方を見て、むっとした表情で部屋から出ていく。緑山は、そんな中野の様子に一切ひるまずに中野の横を通り過ぎ、休憩室に入る。

　そして、おびえたような表情の青木に声をかけた。

「どうしたの？」

「緑山さん、助けてくれたんですよね。ありがとうございます」

「それはいいけど、あれっていつから？」

あれ、というのは中野のしつこい誘いのことだ。

「少し前からですけど、ここまで露骨なのは二週間ぐらい前からです。食事に行こうって何度も誘ってきて、断ったら異動をほのめかして脅してくるんです。適当に嘘をついてごまかしてたんですけど、それも通用しなくなってきて……」

寒気を感じているかのように、青木が両腕をさする。

「他には何かされた？」

「後は、さりげなく肩とか触ろうとしたり……、怖いんです」

泣き出しそうな顔で、青木が言った。

今は食事に誘われたり、軽く触られそうになっている程度だが、放置すればさらに悪化しそうだ。権力で脅してくるとは、相当タチが悪い。

「それは、ちゃんと言うべきよ」

「でも、下手したら仕事に差し支えるかもしれないし……」

普段は負けん気の強い青木が嘘をついて逃げようとするのは、そのためだ。中野も、青木が強く出られないことをわかっているから、ああも強気になっているのだろう。

卑怯な手段を使う中野に怒りを感じながら、緑山は首を振った。

「別に、中野課長に直接言わなくてもいいのよ」

これに関してはしっかり説明しておかなくては、今後も似たようなことが起こるかもしれない。

緑山はいつも以上に真剣に、青木に説明を始めた。


職場においておこなわれる、労働者の意思に反する「性的な言動」に対して、それを受けた労働者が嫌がったり取り合わなかったりしたことで労働条件について不利益を受けたり、「性的な言動」により就業環境が害されたりすることを、セクシュアルハラスメント（セクハラ）というの。

職場におけるセクハラは、対価型と環境型に分類されるわ。例えば、さっきみたいに、労働者の意に反する性的な言動が相手に拒否されたことに対して、解雇や降格などの不利益を与えるのは対価型セクハラ。また、性的な言動がおこなわれることで職場の環境が不快なものになり、労働者の就業環境が悪くなることは環境型セクハラにあたるわ。

セクハラの判断基準は、受ける側がどう感じるかによるわ。自分の基準で判断するんじゃなくて、相手の立場に立って考えることが求められるのよ。つまり今回の件では、もし中野課長がセクハラじゃないと言い張っても、青木さんがそう感じたなら、セクハラにあたるってことなのよ。


緑山の説明が終わると、青木は心からほっとした表情で口を開いた。

「私が黙って泣き寝入りすることないですよね」

「そうよ。こんなことがもう起こらないよう、一緒に相談窓口に行きましょう」

「はい。ありがとうございます！」

ようやく解放される、とばかりに、青木が大きく息を吐く。

そして緑山と共に休憩室から出ながら、青木は思い出したようにこぶしを握りしめて怒り始めた。

「でも、本当にむかつく！　他の子たちにも、気をつけるよう言っておかなきゃ！　実は、他の子たちからもいろいろ話を聞いているんですよ……」

「まぁ、ほどほどにね」

青木はヒートアップすると、事実よりも話を大きくしそうなので、緑山はさりげなく釘を刺しておく。

彼女が他の女性社員に警告する際は自分も近くにいるようにしよう、と緑山はひそかに思ったのだった。

CASE7＊POINT

【今回の事件】

1 青木が、中野課長から、しつこく食事に誘われたり、肩を触られそうになったりしている

2 青木が誘いを断ろうとすると、中野は、異動をほのめかして脅してくる

優子からのアドバイス

1 職場でおこなわれる、労働者の意思に反する「性的な言動」に対する労働者の対応により労働条件について不利益を受けたり、「性的な言動」により就業環境が害されたりすることを、セクシュアルハラスメント（セクハラ）という

2 職場におけるセクハラは、対価型と環境型に分類される

3 セクハラの判断基準は、受ける側がどう感じるかによるため、自分の基準で判断するのではなく、相手の立場に立って考えることが求められる

＊ NGチェック＊

・軽い気持ちで性的な冗談を言ったことがある

・パソコンやデスク周りにグラビアアイドルの写真を貼ったりしている

・飲み会などで上司から隣に座ったり、お酌をしたりするように命じられることがある

CASE 8 パワーハラスメントとは

～暴言や無理な要求はNG！～

コンプライアンス意識にはやや不安がある課長の黄田。成長途上の若手社員二人……。コンプライアンスリーダーの緑山が目を離すと、すぐに問題発生!?

さてさて、今日はどんな事件が起こるのでしょうか？

あなたの職場では、部下や同僚に対して、暴言を吐いたり、相手の尊厳を傷つけるような言動がおこなわれたりしていませんか？

コンプラ株式会社、営業第一課オフィス。

いつもは和気あいあいとした空気に包まれているのに、今日は張りつめた糸のような緊張感に包まれていた。

ちょっと頼りなく、しかし親しみやすい課長、黄田良男の機嫌が今日はすこぶる悪いようなのだ。営業第一課に所属する緑山優子、白石亮一、青木千夏の三人は、漠然とした居心地の悪さを感じつつ、黙々と仕事にはげんでいた。

ブルブルブルブル……

「！」

小さく震える携帯電話のバイブ音。どうやら黄田の携帯だったようで、彼はすぐに届いたメールを確認してイライラした様子でつぶやいた。

「まだ見つからないのか……」

普段なら仕事中であろうと「何がですか？」と気軽にたずねそうな青木も、今日は我関せずとばかりに知らんぷりだ。さわらぬ神にたたりなし、という言葉もあるように、今の黄田には用事がある時以外は声をかけない方がいいだろう。

黄田は乱暴に携帯をデスクに置くと、資料に目を通し始めた。

その表情は、どんどん険しくなっていく。

「白石、ちょっと来い！」

名指しで呼ばれた以上、拒否権はない。緑山は手を動かしながらも、黄田のデスクへ向かう後輩の様子を注意深く観察する。

「おまえ、これって本気なのか？」

「はい？」

「昨日一日かけたくせに、この出来かって聞いてるんだよ」

やはり、今日の黄田は虫の居所が悪いようだ。普段の彼なら、部下のミスにも寛容で、ここまで威圧的な口調で責め立てたりはしない。

「すみません。今日中に仕上げなきゃいけない資料が他に五件もあって、時間が足りなくて……」

「ったく、言い訳だけは一丁前だな。忙しかったら手を抜いてもいいのか？　こんなもん、クライアントに見せられるわけないだろ！」

黄田の剣幕に、白石も困惑しているようだ。反論するでもなく、つっ立ったままひたすら暴言を浴び続けている。

「すみません」

「謝るだけなら子どもでもできるぞ！　おまえ、ここに入ってもう何年になるんだ？」

「今年で八年目です」

「八年もいてこの程度もできないのか、この役立たずが！」

「すみません……。具体的にどこが問題なのでしょうか？」

「そんなこと自分で考えろよ！」

白石がおとなしくしているのをいいことに、黄田は言いたい放題だ。怒られているわけではない青木まで、おびえたように首を引っ込めている。

白石はすっかり落ち込んだ様子で、自分の席に戻った。

さすがに我慢の限界だ。緑山はガタン！　と大きな音を立ててオフィスチェアから立ち上がると、黄田の席に近付いた。

「課長、ちょっといいですか」

「なんだ？」

イライラした様子の黄田に向かって緑山は説明を始めた。

「課長のおっしゃっていることはパワハラになりますよ。いいですか……」

同じ職場で働く者に対して、職務上の地位や人間関係などの職場内の優位性を背景に、業務の適正な範囲を超えて、精神的・身体的な苦痛を与えたり、職場環境を悪化させたりする行為はパワーハラスメント（パワハラ）になるんです。

長時間、他の社員の前で部下を叱責したり、ひどい暴言を吐いたり——まさに今、課長が白石さんに対してやったようなことは、「精神的な攻撃」としてパワハラにあたります。

また、無理なスケジュールを強要したり、指導もせずにできないことを責め立てたりする行為も、「過大な要求」として、パワハラにあたるおそれがあります。

叱責の裏には、部下の育成などのねらいがある場合もあるかもしれませんが、受けた側には多大な負担がかかります。どんな意図があっても、パワハラは相手の尊厳や人格を傷つける、あってはならない行為なんですよ。

緑山の説明を聞き終えた黄田は、なんとか落ち着きを取り戻したようだった。

何度か深呼吸をした後、白石に対して手を合わせる。

「きちんと説明もせず、一方的に怒鳴って悪かったな」

ようやくいつもの黄田に戻ったようだ。白石もほっとしたように「大丈夫ですよ」と声をかける。

「でも、今日の課長、なんかいつもと違うように見えたんですが、何かあったんですか？」

「ああ、実はな……」

ブルブルブルブル！

またもや黄田の携帯がメールを受信する。彼はあわてて内容を確認し、「よかったぁ」と情けない声をもらした。

「よかったって、何がですか？」

黄田の怒りが収まったからか、いつもどおり気軽に青木がそうたずねる。

「実はさ、昨日からうちの猫が家出しちゃってさ……。ほら、外は何かと物騒だろ？　車にひかれたりとか、他の野良猫とケンカしたりとか、うちの子かわいいから誰かに拾われるかもしれないし。そういうこと考えると、もう気が気じゃなくてさ」

「は、はぁ……」

「今帰ってきたって連絡があったから、やっと安心して仕事に集中できるよ！」

緑山はペットを飼っていないのでわからないが、黄田にとってはかけがえのない宝物なのだろう。気もそぞろになるのは無理もない……かもしれない。

「だからといって、白石さんに八つ当たりするのはどうかと思いますよ」

「そうだな。よし白石くん、明日俺のおごりで飲みに行くか！」

「本当ですか？　やったー！」

再びアットホームな雰囲気が戻ってくる。

喜ぶ白石と照れ笑いを浮かべる黄田を見て、緑山は青木と笑い合った。

CASE 8 * POINT

【今回の事件】

1 黄田が、白石に対して、具体的な指導もせずに、他の社員の前で叱責したり、ひどい暴言を吐いたり、無理な要求をしたりした

優子からのアドバイス

1 同じ職場で働く者に対して、職務上の地位や人間関係などの職場内の優位性を背景に、業務の適正な範囲を超えて、精神的・身体的な苦痛を与えたり、職場環境を悪化させたりする行為はパワーハラスメント（パワハラ）になる

2 長時間、他の社員の前で部下を叱責する行為や、ひどい暴言は、「精神的な攻撃」としてパワハラにあたる

3 無理なスケジュールを強要したり、指導もせずにできないことを責め立てたりする行為は、「過大な要求」としてパワハラにあたるおそれがある

4 パワハラは相手の尊厳や人格を傷つける行為である

＊ NGチェック＊

・売上が求められる時など、大声で怒鳴る声が聞こえる

・弱い立場の人に対して、何気なくきつい言葉を使ってしまうことがある

・指導の際に、感情的な言葉を投げつけてしまうことがある

CASE 9 カルテルとは

～企業同士の競争は公正に！～

コンプライアンス意識にはやや不安がある課長の黄田。成長途上の若手社員二人……。コンプライアンスリーダーの緑山が目を離すと、すぐに問題発生！？

さてさて、今日はどんな事件が起こるのでしょうか？

同業者同士で、製品の価格や数量について、気軽に情報交換をしていませんか？

「以上をもちまして終了とさせていただきます。ご参加ありがとうございました」

都内にある研修センターで勉強会に参加していた、コンプラ株式会社の営業第一課課長、黄田良男はパイプ椅子に座ったまま背伸びをした。

年齢のせいか、最近ずっと同じ姿勢をしていると肩が凝りやすくなったのだ。

そろそろ帰社しようかと立ち上がった時、横から「黄田さん、お久しぶりです」と声をかけられる。

「ああ、どうも」

同業者だが、あまり話したことのない男だ。過去に名刺をもらったはずだが、社名しか思い出せない。

「いや〜、最近は原料の値上がりがすごくて、大変ですな」

と、黄田に親しげに言う。前に座っていた男も立ち上がりながら振り返り、話の輪に加わった。

「確かに、これじゃ、売れば売るだけ損なんじゃないかと思いますよ」

「とはいえ、いきなり値段を上げたりしたらお客は敬遠してしまいますしね……」

せきを切ったようにペラペラとよくしゃべる同業者たちに、黄田は「ええ」とか「そうですね」などと、なんとなく話を合わせる。

すると、黄田の会社について、話が振られた。

「コンプラ社さんのところはどうなんですか？」

「え？　ああ、原料の値上がりとはうちも日々戦ってますよ。なんとか、赤字にだけはならないよう努力してますが」

黄田が話を合わせると、最初に声をかけてきた男が切り出した。

「ここだけの話、実はうちの会社では、来期から百円ぐらい値上げしようかっていう話が出てましてね。そうだ！　どうですか？　一斉に値上げしては？　売れば売るだけ損するなんて、ばかばかしいでしょ？」

いいことを思いついたとばかりに、勢いよく提案するその男の言葉に、場の空気が一変する。黄田ともう一人の男は黙り込んでしまった。

「おっと、もうこんな時間か。私はこれで失礼しますが、もし、一斉に値上げする話に乗っていただけるなら、ご一報いただけると助かります」

男はそう言ってにやりと笑うと、さっさと帰ってしまったのだった。

コンプラ株式会社の営業第一課オフィスで事務仕事をしていた緑山優子は、勉強会を終えて帰ってきた上司の黄田に気づいて顔を上げた。

「おかえりなさい」

そう声をかけて、すぐ彼の異変に気づく。

「どうかしましたか？　なんだか難しい顔をされているようですが」

「うーん……。勉強会自体はいろいろ参考になったしよかったんだけど、帰り際にちょっとな……」

煮え切らない黄田に、緑山は首をひねる。

「ちょっとって、どういうことですか？」

「いや、少し立ち話になってさ」

「同業者のみなさんとお話したんですよね？　それが何か？」

「うん……。一緒に製品の値上げをしようって誘われちゃってさ」

「それって……」

緑山は一瞬ためらいながら、核心をつく一言を口にした。

「カルテルの誘いを受けたってことですよね？」

「やっぱりそうだよな……」

と困ったような表情をする黄田に対して、緑山は説明を始めた。

あらためて確認をしておきますが、カルテルとは、複数の事業者が相互に連絡を取り合い、商品の価格や販売・生産数量などを共同で取り決めることです。

本来なら、公正で自由な競争を維持するため、商品の価格などは各事業者が自主的に決めるべきものですから、カルテルは、こうした公正で自由な競争を妨げるため、「不当な取引制限」として、独占禁止法で禁止されています。

はっきりと協定書の作成などをしていなくても、事業者間でなんらかの合意があり、結果的に各事業者が一斉に価格を引き上げる……といった行動を取れば、申し合わせの形にかかわらず、カルテルとみなされるおそれがあるんです。

カルテルの他、国や地方公共団体などの入札に際して、参加事業者が事前に公共工事や物品の公共調達の受注事業者や受注金額などを決める「入札談合」も「不当な取引制限」になるんですよ。


「どうしよう…」

考え込む黄田に対して緑山がたたみかける。

「課長。カルテルに関与した事業者には課徴金が課されることもありますし、刑事罰もあるんですよ。儲けが少なくても、いろいろな方法で工夫して、地道に商品を売り続けるべきですよ」

すると、いつもは優柔不断な黄田が、すくっとデスクから立ち上がった。

「課長？」

「そうだよな。やっぱりダメだよな。さっきの話、ちゃんと断るよ」

毅然とした黄田の態度に、緑山はほっと胸をなで下ろす。

意を決してオフィスを出ていく黄田を見送り、緑山は再び自分の仕事に戻った。


タッタッタッタ…。

しばらく経った後、遠くから、足音が聞こえてきて、ドアがガチャッと開いた。

あわてた様子の黄田が自分のデスクに戻り、名刺ケースを探し始める。

「課長。どうかしたんですか？」

「えっと……ごめん緑山さん、ちょっと手伝ってくれない？」

「え？　何をですか？」

「実は、断りに行こうと思ったんだけど、先方の名前をど忘れしちゃったから、まずは名刺を探さないと…」

「えー!?」

まさかの返答に、緑山はやれやれと肩をすくめた。

「しょうがないですね……」

こうして緑山は黄田から会社名を聞き、一緒に名刺を探し始めたのだった。

CASE 9＊POINT

【今回の事件】

1 黄田が、同業者の勉強会で、他社の参加者から「原料が値上がりしているから、一斉に製品価格を値上げしよう」という誘いを受けた

2 黄田は、どのように返事をすべきか迷っている

優子からのアドバイス

1 カルテルとは、複数の事業者が相互に連絡を取り合い、商品の価格や販売・生産数量などを共同で取り決めることである

2 カルテルは、「不当な取引制限」として、独占禁止法で禁止されている

3 事業者間でなんらかの合意があり、結果的に各事業者が一斉に価格を引き上げるといった行動を取れば、申し合わせの形にかかわらず、カルテルとみなされるおそれがある

＊ NGチェック＊

・同業者どうしで、製品の価格や数量について、情報交換をすることがある

・業界団体の会合で、他社から生産予定などについて聞かれたことがある

・同業者から販売地域を分担しないかと持ち掛けられたことがある

CASE 10
不公正な取引方法－差別対価等－

～競合に勝つためなら、なんでもアリ？～

コンプライアンス意識にはやや不安がある課長の黄田。成長途上の若手社員二人……。コンプライアンスリーダーの緑山が目を離すと、すぐに問題発生!?

さてさて、今日はどんな事件が起こるのでしょうか？

競合会社に勝ちたいからと、無茶なことをしようとしていませんか？

今日も平和なコンプラ株式会社、営業第一課オフィス。

課長の黄田良男、青木千夏、緑山優子、白石亮一は、それぞれ自分の仕事に集中していた。

パソコンに向かってクライアントにメールをしたためている緑山。一方、白石は電話で商談中である。

「なんとかうちと取引していただけないでしょうか？」

『そうは言っても、急に御社に乗り換えるわけにもねぇ……』

静かなオフィスの中に、必死で相手に話を聞いてもらおうとする、白石の声が響き渡っている。

「白石さん、頑張ってるわね」

緑山は手を休めずに聞こえてくる会話をなんとなく聞いていた。

「対立科学から仕入れている製品分ですよね？　でしたら、うちはもっとお安い値段で提供させていただくことができるんですが」

『ほう……』

なんだか会話が良くない方向に向かっているな、と思う緑山とは反対に、電話の相手は興味を持ったようだ。そのことに気分を良くしたらしい白石の口調に熱がこもる。

「御社は対立科学との取引量が多いと伺っていますので、他社と比べて特別にお安くさせていただきます。うちとしても対立科学は最大のライバルですし、それに……」

白石が声をひそめて笑う。商談用というよりは、素の黒い部分が出たような笑顔だ。

「正直申し上げて、最近ちょっと目障りなので」

そういうことを取引先に言っちゃダメでしょ、とのどまで出かけたが、さすがに電話中の相手を叱るわけにもいかない。

ぐっとこらえる緑山だが、怪しげな会話はさらに続く。

『でも、本当に安いの？』

「それはもう。うちは対立科学の半額でご提供します！　他社には内緒ですよ？」

強気すぎる発言に、緑山は眉をひそめた。コーヒーを飲んでいたら、きっと噴き出していただろう。

半額など、確実に原価割れ。すなわち、完全な赤字だ。

むしろ、それよりも大きな問題があるのだが、どうやら白石には全く自覚がないらしい。

青木も、心配そうにとなりから白石を見つめている。

「はい！　ありがとうございます！」

と頭を下げながら電話を切る白石。

「よっしゃー！　緑山さん、発注いただけそうですよ！」

受話器を置いた後、ガッツポーズをしつつ、うれしそうに報告してくる白石とは反対に、緑山は頭痛を感じながらうなだれた。

「白石さん……。いくら契約できても、半額なんて大きく原価割れじゃないの。大赤字になるわ」

「やだなぁ、それくらい僕だってわかってますよ」

緑山の深刻な様子には全く気づかず、ますます調子に乗って白石が続ける。どうやら、問題があることに全く気づいていないようだ。

「だから、この際、ライバル会社にいなくなってほしいっていうのが本音なんですよ」

「だからって、なんでもありは問題よ」

さらに重ねる緑山。白石のとなりに座る青木も、二人のかみ合わないやり取りが気になるようで、ちらちらと顔を上げて二人を見ている。

「でも、長い目で見れば確実に得ですよ？　だってライバルがいなくなれば、その分の顧客を獲得できるんですから。あわよくば、他の企業も対立科学からうちに乗り換えてくれるかも……」

キラキラした目で取らぬ狸の皮算用を始める白石に現実を見させるため、緑山は「はあ」と大きめのため息をついた。

「あのね、白石さん……」

独占禁止法では、不当に、地域や相手によって差別的な対価をもって商品やサービスを供給し、またはこれらの供給を受けることを、公正な競争秩序を妨げる「不公正な取引方法」のうちの「差別対価」にあたるとして禁止しているの。

また、不当に、ある事業者に対して取引の条件または実施について、有利な、または不利な取扱いをすることを「取引条件等の差別取扱い」といい、これも禁止されているわ。

今、白石さんがやっていたようなことは、独占禁止法に違反する可能性があるのよ。

緑山の説明を聞いて、白石が「なるほど」と納得したようにうなずく。

「さっきの白石さんの提案内容は、商品を大幅な原価割れ覚悟で半額にすることも問題だけど、対立科学を排除することが目的になってしまっていることにも問題があるのよ」

「行き過ぎた値引きは問題ということですね」

「そうですよね。わたしも、白石さんの提案内容はちょっとやり過ぎだと思いました」

青木も、納得したように緑山に同調する。

「そうよ。それに、そもそも、そんな価格設定ではうちは大赤字で業績悪化必至よ。白石さんの立場も危うくなるかもしれないわね」

「そんなぁ！」

情けない声を出す白石だが、状況を打破するためにはどうすればいいか、彼はすでにわかっているようだった。

「もう一度先方に連絡して、正々堂々、正面からトライします！」

「ええ、それがいいわ」

さっそく電話をかけ直そうとする白石に緑山が安心していると、話を聞いていた黄田がぼそりと言った。

「そうだよな〜。小手先でご機嫌取ってないで、中央突破だよな……」

「課長も、どこかと契約を？」

納得していないで、上司として部下の行動を注意してほしかった、と思いつつ、緑山が尋ねる。

「そういうわけじゃないよ。ただ、新しいゴルフクラブを買いたくて、お小遣いを増やして欲しいんだけど、カミさんになかなか言い出せなくてな……ハハハ」

まったく話に入ってこないと思ったら、そんなことを考えていたのか。

このオフィスでは課長としてリーダーシップを発揮している黄田も、家庭では、完全に妻の尻にしかれているらしい。

おそらく、正々堂々と言ったところで玉砕するであろう黄田を見て、緑山はひそかに同情したのだった。

CASE10＊POINT

【今回の事件】

1 白石が、競合会社との取引量が多い会社の担当者に「競合会社の半額で製品を提供する」と大幅な原価割れ価格での取引を提案して、競合会社を排除しようとした

優子からのアドバイス

1 独占禁止法は、不当に、地域や相手によって差別的な対価をもって商品やサービスを供給し、またはこれらの供給を受けることを、「不公正な取引方法」の「差別対価」として禁止している

2 また、不当に、ある事業者に対して取引の条件または実施について、有利な、または不利な取扱いをすることを「取引条件等の差別取扱い」として禁止している

＊ NGチェック＊

・上司から、全く採算に合わない価格での取引を指示されたことがある

・特定の競争相手をつぶすために、極端な低価格戦略を検討したことがある

・競合他社に勝つためなら、取引先にどのような提案をしてもいいと思う

CASE 11 従業員の利益相反行為

～優先すべきは、どちらの利益？～

コンプライアンス意識にはやや不安がある課長の黄田。成長途上の若手社員二人……。コンプライアンスリーダーの緑山が目を離すと、すぐに問題発生!?

さてさて、今日はどんな事件が起こるのでしょうか？

親しくしている相手だからという理由で、特定の取引先に、便宜を図っていませんか？

コンプラ株式会社、三階の会議室。

営業第一課の若手営業マン、白石亮一はその日、下請業者である萩原治を招き、打ち合わせをしていた。

「では、それでお願いします」

「承りました」

萩原の返事を聞き、白石は腕時計を確認する。

終了予定時刻より、まだ三十分近く早い。そのせいか、萩原は退出する様子を見せず、テーブルの上に両手を置いて何やら手持ちぶさたにしている。

せっかく来てくれた相手に向かって「早く帰れ」と言うわけにもいかないし、ほったらかして自分だけオフィスに戻るわけにもいかない。

あまり親しい相手ではないが、とりあえず飲み物でもすすめようかと白石は声をかけた。

「えっと、コーヒーでもいかがですか?」

「ああ、大丈夫ですよ。それより、実は折入ってお願いが……」

萩原は、営業第一課課長で、白石の上司にあたる黄田良男を呼んでもらえないかと頼んできた。白石は不思議に思いつつも、黄田を内線で呼び出した。

「ああ、萩原さん。わざわざご足労いただいて、ありがとうございます」

呼び出しの電話に、黄田は会議室まであわててやってきた。

「黄田さん、ごぶさたしてます。実は折入ってお願いしたいことがありまして」

何か、黄田に直接お願いしたいことでもあるんだろうか？

首をかしげる白石のとなりで、打ち合わせは続く。

「御社に納入している資材の件なんですが、実は輸送コストの増大や原材料の高騰などを受けて、値上げをですね……」

「ああ、その件ですか。いやぁ、そろそろくると思ってましたよ」

詳しい説明を聞くことなく、黄田はうなずいた。白石は担当していない仕事の話なので、何が何やらという状態だ。

とはいえ、二人の間ではきちんと会話が成立しているようだ。

「どうでしょう？　ご検討の方をお願いできませんかね？」

「そうですねぇ。他社はもっと安いと思いますし、本来なら、値上げの際には他社からも相見積もりを取って比較検討するんですが、萩原さんにはいつもお世話になってますし……。今回はそちらの条件をのみましょう！」

ふたつ返事、とも解釈できるほどあっさりとした決断だ。普段の黄田なら、値上げを要求されれば当日中に返事をしたりせず、周囲とも相談するのに。

白石は声をひそめ、となりに座る黄田に確かめた。

「いいんですか、課長？」

「ああ。萩原さんにはいつもゴルフをおごってもらってるし、奥さんにはうちのカミさんも仲良くしてもらってるしな」

「え？」

それは個人的に親交があるというだけで、会社とは関係ないのでは、という突っ込みを入れる前に、黄田が「固いこと言うなよ」と笑う。

「こういうことは持ちつ持たれつだ。そうだろ？」

「は、はぁ……」

上司にそう言われたら、部下としてはうなずくしかない。黄田の返事に萩原も気を良くしたらしく、ニコニコと人好きのする笑顔を浮かべた。

「さすが黄田さん、ご理解いただきありがとうございます。お礼の方は十分させていただきますので。そうだ、今度ふぐ刺しでもいかがですか？」

「えー、悪いなぁ」

「今回のお礼ということで。そうだ、白石さんもぜひ一緒にいかがですか？」

「はぁ……」

表向きは食事に誘われているだけだが、これには共犯者にするというねらいが含まれているのではないだろうか。

その後、打ち合わせはつつがなく終わったものの、白石はモヤモヤとした気持ちをずっと抱えていたのだった。

やはり打ち合わせのことが腑に落ちなかった白石は、昼休憩になると、昼食を終えて休憩室でくつろいでいる先輩の緑山優子に相談することにした。

「……っていうことがあったんですけど、どう思われますか？」

「はぁ……」

話し終わったとたん、緑山は頭痛をこらえるように手で顔をおおった。

「それは問題ね。今からどこが問題か説明するわ」

「お願いします」

取引先から「仕入れ単価の値上げ」などを要求された場合には、その要求に妥当性があるかどうかを検討し、公正さや透明性を確保することが健全な事業活動の基本なのよ。

他社から相見積もりを取って比較検討すれば、より安く品質も良い会社から資材を調達できる可能性もあるわ。

個人の私的な利益を優先して、特定の取引先のために会社に不利な条件で取引をすることは、会社に損害を与えることにつながるわ。こうした行為は、利益相反行為というのよ。今回のような場合は、相見積もりを取る、取引先に値上げの根拠を提示してもらう、などの手続きを取らないとダメなのよ。


「今の説明で、わかったかしら？」

緑山は少し融通がききにくい部分もあるが、話し方が理路整然としていて、やはり頼りになる先輩だ。

「ありがとうございます！　僕、課長に話してきます！」

白石は、急いでオフィスに戻っていった。


営業第一課の入り口で昼休憩から戻る黄田に追いついた白石は、黄田にきっぱりと言い放った。

「課長。さっきの話、やっぱり良くないと思います」

「つ、つまり君は、ふぐ刺しじゃなくて、焼き肉の方がよかったってことか？」

と、まだとぼけている黄田。

「違います。ちゃんと相見積もりを取りましょう！」

「わ、わかった、わかった」

いつにもない白石の様子に、黄田はたじたじとなった。

「萩原さんに、やっぱり見積もりを出してもらうように頼むよ。他の会社からも相見積もりを取ることにするよ……」

思い直して、すぐに萩原に電話をする黄田を見て、やはり緑山に相談したのは正解だったと、白石はほっとするのだった。

CASE11＊POINT

【今回の事件】

1 黄田が、下請事業者との打ち合わせで、資材の仕入れ単価の値上げ要求について、他社から相見積もりを取らずに、個人的に親しいからという理由だけで、受け入れようとした

優子からのアドバイス

1 取引先から「仕入れ単価の値上げ」などを要求された場合には、その要求に妥当性があるかどうかを検討し、公正さや透明性を確保することが健全な事業活動の基本である

2 他社から相見積もりを取って比較検討すれば、より安く品質も良い会社から資材を調達できる可能性がある

3 自分の私的な利益を優先して、特定の取引先のために、会社に不利な条件で取引をすることは、会社に損害を与えることにつながる

＊ NGチェック＊

・取引先からの接待をよく受けている

・接待を受けている取引先からの仕事は、断りづらいことがある

・取引先の選定に当たって、自分の親族や知り合いの会社を優先させることがある

CASE ⑫ 下請事業者との取引 ―親事業者の禁止事項―

～返品・やり直し、気軽に頼んでＯＫ？～

コンプライアンス意識にはやや不安がある課長の黄田。成長途上の若手社員二人……。コンプライアンスリーダーの緑山が目を離すと、すぐに問題発生 !?

さてさて、今日はどんな事件が起こるのでしょうか？

自社の都合だけで、下請事業者に、返品や仕様の変更などをお願いしていませんか？

朝の日差しがブラインド越しに差し込む、コンプラ株式会社、営業第一課オフィス。

オフィスの壁には、一枚の紙が貼られている。朝礼で、課長の黄田良男の話を聞きながら、緑山優子は紙面に目を向けた。

そこには、大きなゴシック文字で「コスト削減」と書かれている。

「えー、今期はより一層のコスト削減に取り組むことになった。全員、一丸となって取り組むように」

コスト削減。それ自体は決して悪いことではないし、むしろもっと推奨するべきだと思うのだが、この嫌な予感はなんだろう。

また何か問題が起こりそうだ、という緑山の予感をよそに、朝礼は終わり、直後に会議をひかえている黄田は早々にオフィスを出ていった。緑山も打ち合わせのため、少し気がかりながらも、部屋を後にした。

「さっき製造部の人が言ってたんだけど、この前出した新製品あるだろ？　あれ、あんまり売れ行き良くないんだって」

朝礼を終えて、席に戻った白石と青木。パソコンを立ち上げながらそう言ったのは、営業第一課の若きエース、白石亮一だ。話を振られた後輩の青木千夏は、興味津々といった様子で話に食いつく。

「あ～。えっと、なんとかっていうキッチン用品ですよね？　ドイツの製品からインスピレーションを受けたとかいう」

「そうそう。キッチン用品ではいくつかヒットを出してるから、今回も売れると思って製品用の部品を大量発注したのに、在庫が余って困ってるらしいよ」

「在庫ってことは、それもコストですよね。じゃあ、余った分を業者さんに返品しちゃえばいいんじゃないですか？　新製品が売れ出したらまた発注しますってことで」

会社もコスト削減って言ってるんだし……、という青木の言葉に、白石は少し勝手かなと思いつつ、その言い分も合理的かもしれないと思うのだった。


休憩中、白石がオフィスで誰かと電話している。

「あの製品、検品でＯＫ出たのに仕様変更になったたって聞いたよ。大変だったたな」

「うん……うん……。あ、だったらさ、業者に頼んで当初の見積もり金額の範囲でデザインから組み立てまでやり直してもらえば？」

白石は困っている同期の役に立とうと、アドバイスをしているつもりのようだ。

「コスト削減は会社全体の目標ですもんね」

「そうだな、もっともっと努力しないとな」

壁に貼られた「コスト削減」という紙を見ながら、白石と青木は、やる気満々の様子だ。

二人が話していると緑山が部屋に入ってきた。

「いったい、何を努力するの？」

嫌な予感がしながら質問する緑山に、青木と白石は、それぞれ、コスト削減のために思いついた方法を報告する。

青木の話に、やっぱりそうなったかと頭を抱える緑山。

「二人とも、それ、下請法違反になるわよ」

きょとんとする二人を椅子に座らせ、緑山は説明を始めた。


下請法っていうのは、親事業者の下請事業者に対する取引の公正化や、下請事業者の利益の保護などを目的に制定された法律のことなの。

下請法では、一定の資本金区分に該当する親事業者と下請事業者間の取引のうち、製造や修理の委託などの取引が規制対象になるわ。

下請法の適用を受ける場合、親事業者には十一の禁止行為が定められていて、今回の青木さんや白石さんの発言をそのまま実行してしまうと、下請法違反になるかもしれないわ。
例えば、青木さんが言っていた「余った部品を業者に返品する」という行為は、下請事業者から納品された製品について、受領した後に、その製品に瑕疵《かし》があるなどの明らかな問題がないのに返品をする行為である「返品」として、下請法で禁止されているわ。
次に、白石さんが言っていた「当初の見積もり金額の範囲でデザインから組み立てまでやり直させる」という行為は、方針の変更などの親事業者の都合により、下請事業者に責任がないのに、給付の内容を変更させたり、受領後にやり直させたりして、下請事業者の利益を不当に害する行為として、「不当な給付内容の変更および不当なやり直し」にあたるから、これも、下請法違反になるわ。
他にも下請法では、親事業者がやってはいけない行為がいろいろと定められているから、間違って違反行為をしてしまわないよう、調べておいた方がいいわね。

緑山の説明を受け、白石はあわてて先ほど話していた相手に電話をかけた。製造部が間違った対応をしないよう訂正するためだ。

「緑山さん、ありがとうございました」

二人に頭を下げられ、緑山は「今度から気をつけてね」と優しく声をかける。

「さっ、いつまでも暗い顔してないの。さっさと仕事を終わらせましょう!」

「え? 今日、なんかありましたっけ?」

「青木さん、忘れたの? 今日は青木さんが幹事で飲み会でしょ?」

「そうでした、そうでした」と机を片付けだす白石と青木。

「って、ああー! そういえば今日、出席できなくなった人の分キャンセルするの忘れてました! 今からでも間に合うかなぁ……」

幹事役の青木があわてだした。

「う~ん。さっき緑山さんが言ってた、仕様変更に伴う『不当なやり直し』になってしまう気がするな」

白石はあごをさすり、わざとらしく難しい顔つきをする。

「だとしたら、一人当たりの会費が上がっちゃうのか……。ここは緑山さん、その分、おごってください!」

「嫌よ。なんで私が……」

「先輩の威厳の見せどころですよ、緑山さん!」

調子のよい可愛い後輩二人の様子に、思わず吹き出してしまいそうになりながら、足早に部屋を出ようとする緑山。

そんな緑山を追いかける青木と白石。そのまま冗談を言い合いながら、三人で仲良く居酒屋へ向かうのだった。

CASE12＊POINT

【今回の事件】

1 コスト削減のため、青木は、余っている部品在庫を下請事業者に返品すればいいと考えた

2 白石は、製品が仕様変更になって困っている同期に、下請事業者に頼んで当初の見積もり金額の範囲でデザインから組み立てまでやり直してもらえばいいとアドバイスした

優子からのアドバイス

1 下請法は、親事業者の下請事業者に対する取引の公正化や、下請事業者の利益の保護などを目的に制定された法律である

2 下請事業者から納品された製品について、受領した後に、その製品に瑕疵《かし》があるなどの明らかな問題がないのに返品をする行為は、下請法で禁止されている

3 親事業者の都合により下請事業者に責任がないのに、給付の内容を変更させたり、受領後にやり直させたりして、下請事業者の利益を不当に害する行為も、下請法で禁止されている

＊ NGチェック＊

・自社の都合だけで、下請事業者に発注数や仕様の変更を依頼することがある

・下請事業者に、無理な依頼をすることがある

・下請事業者に対して値引きを強要したことがある

CASE 13 契約書の意義

～リスクを回避するために～

コンプライアンス意識にはやや不安がある課長の黄田。成長途上の若手社員二人……。コンプライアンスリーダーの緑山が目を離すと、すぐに問題発生!?

さてさて、今日はどんな事件が起こるのでしょうか？

取引先などに仕事をお願いする際、きちんと契約書を作成していますか？

コンプラ株式会社、営業第一課オフィス。

黄田良男と白石亮一はそろって商談に出かけており、室内にいるのは緑山優子と青木千夏だけだ。

ちなみに青木は、十分ほど前から電話でクライアントと打ち合わせをしている。

「そうですね、だいたいそういう感じです。はい、はい……それで仕事を進めていただいて結構です」

どうやら、スムーズに話が進んでいるようだ。

「はい。細かいところは、おいおい詰めて契約書に盛り込みましょう。では、それでよろしくお願いいたします。それでは、失礼します」

受話器を置き、青木はほっと安心した様子で笑った。

「良かったぁ。間に合うかどうか不安だったんですけど、なんとか進めてもらえそうです」

「そう。契約書は？」

「あ、それは時間がある時に作ります」

まさかの返答に、緑山はおどろいて聞き返す。

「契約書なしで発注したの？」

「はい。時間がなかったし、契約書は、後でいいかなと思って。まずは約束を取り付けることを優先した方がいいかと……」

デジャヴだ。まだ緑山がここに入社して間もない頃、これによく似た場面に遭遇したことがある。

その時の後処理の面倒なことといったら、もう思い出したくもないほどだ。

思わず苦い顔つきになりながら、緑山は口を開いた。

「一応確認するけど、それって口約束で進めてるってことよね？」

「はい、そうなりますね。でも、先方も良識ある大人ですし、後で約束を破ったりしませんよ」

「そうかしら。以前、取引先から納品された商品に約束した機能が付いていなかったことがあったんだけど、その時も口約束だったから、言った言わないの水掛け論になったわよ。大人だからこそ、自分に不利益が及ばないようにしようとする場合もあるわ」

とたんに現実味を帯びてきたのか、青木はおびえたような表情で「そうなんですか」とつぶやく。

「それで、結局どうなったんですか？」

「お客様への納品が遅れて、以降の取引ができなくなったわ。当然、相手の業者ともそれっきりね」

「まぁ、そうなりますよね」

うなずく青木に、緑山は過去の二の舞にならないよう言い聞かせた。

「後回しにしたい気持ちもわかるけど、大切なことなのよ。そもそも……」


契約書の取り交わしには重要な意味があるのよ。

「契約」っていうのは、当事者間でお互いの意思表示が合致することにより成立するから、原則として書面のない口約束でも契約そのものは成立するの。

でも、口約束による契約や口頭での発注の場合だと、さっき話したように、後になって契約の成立自体を争われるおそれがあるわ。取り決められる事項も少ないから、口約束だけだと後でなんらかの行き違いやもめ事が起こった場合、どちらの言い分が正しいのか明確にならないこともありえるのよ。仮に民事訴訟になった場合も、契約した事実や内容を証明することができなくなってしまうわ。

それだと困るから、そういうリスクを回避するために、契約書を作成して契約内容を明らかにして、相互に確認が取れるようにすることが大事なのよ。


「どう？　契約書の大切さ、わかった？」

「はい。そんな、言った言わないの争いなんて、大人になってまでしたくないです」

「その言い方だと、子どもの頃はよくしてたのかしら？」

青木はうなずき、イライラした様子で言う。

「小学生の時ですけど、すぐドタキャンする友達がいたんですよ」

「そう…」

なんだか話がずれてきたな、と思う緑山だが、青木は気にせず話を続ける。

「約束の時間に待ち合わせ場所に行ったら相手がいなくて、文句を言ったら約束したのはその日じゃない、とか言われたりして！」

「私も、昔はよくそういうことがあったわ」

今では当然のように携帯電話で連絡を取り合うことができるが、昔は公衆電話を探さなければいけなかった。

現在は文明の利器のおかげで、そういった行き違いは少ない。

とつい、緑山まで思考がそれてしまった。

いずれにしても、やはり確認のための書類はあるに越したことはない、とあらためて契約書の話に頭を戻す。

「じゃあ、急いで契約書作りますね！」

「そうね。でも、もうすぐお昼休憩だから、ランチの後でもいいんじゃないかしら」

時刻は十一時五十八分。もうすぐ、昼休憩を告げるチャイムが鳴るはずだ。

青木も時計を確認して、「あっ、本当だ」と声をあげた。

「緑山さん、せっかくだから一緒にランチ行きません？　近くにおしゃれなカフェができたんですよ」

「ええ、もちろん。だって今日は青木さんのおごりだもんね」

しれっと言うと、青木はきょとんとした顔になる。

「え？　そんな約束しましたっけ？」

「言わなかったっけ？」

緑山のちょっとした冗談に青木は本気で考え込む。「前の飲み会の時だっけ？」「それとも、前に一緒に残業した時だったかな？」などとありがちなシチュエーションを並べている。

「もしかして覚えてない？　あの時も口約束だったからな～」

わざとらしくそう言うと、ようやくからかわれているだけだと気づいたらしい。

「もう、やめてくださいよー」

「あはは、ごめんごめん。でも、こういうことがあるから今度から気をつけてね」

その時、ちょうどチャイムが鳴る。
緑山と青木は笑い合いながら、オフィスを後にしたのだった。

CASE13＊POINT

【今回の事件】

1 青木が、取引先に契約書なしで発注し、契約書は後で作成しようとした

優子からのアドバイス

1 契約は、当事者間でお互いの意思表示が合致することにより成立するため、原則として書面のない口約束でも成立する

2 ただし、口約束による契約や口頭での発注は、後日、契約の成立自体を争われるおそれや、行き違いやもめ事が起こった場合、どちらの言い分が正しいのか明確にならないこともありえる

3 さまざまなリスクを回避するために、契約書を作成して契約内容を明らかにし、普段から相互に確認することが大切である

＊ NGチェック ＊

・契約について、「細かい内容は後で決めればいい」という意識がある

・急ぎの仕事では、依頼や受注が先になり、契約書は後回しになりがちである

・よく仕事を依頼する取引先には、契約書や書面での取り決めを省略してしまうことがある

CASE 14
公務員との適切な関係

～相手にも迷惑をかけるかも？～

コンプライアンス意識にはやや不安がある課長の黄田。成長途上の若手社員二人……。コンプライアンスリーダーの緑山が目を離すと、すぐに問題発生 !?

さてさて、今日はどんな事件が起こるのでしょうか？

公務員との仕事には、民間企業とは異なる注意が必要なことを、知っていますか？

コンプラ株式会社、三階廊下。

営業第一課のリーダー、緑山優子が、長時間にわたる打ち合わせを終え、考え事をしながら廊下を歩いていると、誰かとすれ違った時にぶつかってしまった。

どうやら相手は大量の書類——というより冊子を抱えていたらしく、バサバサバサ、という音とともに冊子が床に落ちる。

「あっ、ごめんなさい！」

その声で、相手が後輩の青木千夏だと気づいた緑山は、目を丸くしながらもたずねる。

「青木さん？　どうしたの、こんなにたくさん」

よく見れば、青木が抱えていた大量の冊子の正体は食器のカタログだった。緑山はそこまで詳しいわけではないが、高そうなブランドばかりだ。

「ちょっと課長に言われて、今から会議室に向かうところなんです。よかったら、緑山さんも来てもらえませんか？」

なんだか、嫌な予感がする。青木たちを放っておくと、また問題を起こしそうだ。

オフィスに戻って仕事を片付けたい気持ちはあったが、緑山は自分の直感に従い青木についていくことにした。

「わかったわ」

「ありがとうございます」

会議室の扉を開けて中に入ると、中には課長の黄田良男と後輩の白石亮一がいた。

青木に気づいた黄田は、笑顔でねぎらいの言葉をかける。

「青木さん、ご苦労さま。おっ、緑山さんも来たのか」

「何やってるんですか？」

さっそくテーブルの上にカタログを広げ、じっくりと吟味し始める三人を上からのぞき込み、緑山はそう聞いてみた。

答えたのは、白石と黄田だ。

「関係先省庁の担当のご子息が結婚するそうなので、お祝い選びをしてるんですよ」

「あの省庁にはお世話になってるし、今度、視察もあるから、失礼のないように高級食器にしようと思ってるんだが……」

「緑山さんも一緒に選んでください！」

そう言って、青木は無邪気に誘ってくる。

一応そのまま席に着きつつ、お気楽な三人になんと声をかけるべきか緑山は考える。

そんな緑山の様子には気づかず、三人はカタログをながめながらわいわいと意見を交わしている。

「どれがいいかな」

「この欧州王室御用達って書いてあるのはどうですか？　あのご子息、アンティーク好きで目が肥えてるって噂ですし」

「それだと、下手に安物は贈れないな。これなら一目で高級品だとわかるし……」

白石が推しているのは、白磁に青い花とツタの模様が入った食器セットだった。西洋陶器の中でも、特に人気の高いブランドだ。

「白石さん、意外とセンスいいんですね！」

「意外は余計だよ」

青木のほめ言葉に、白石がむくれた様子で反論し、黄田は「こっちもいいなあ」などと言いながらバラ模様のティーカップを熱心に見ている。

楽しそうな空気に水を差すのは申し訳ないが、これは放っておくわけにはいかない。

「それ、相手に迷惑をかけてしまうかもしれませんよ」

緑山がひかえめに声をかけると、黄田が首をかしげた。

「え？　もしかして、もう食器棚がいっぱいなのか？」

「そういう意味じゃありません！」

全くわかっていない三人にため息をつきつつ、緑山は先ほどの自分のセリフの意味を噛み砕いて説明することにした。

公務員の職務行為に関して金品などを提供・収受する行為は、刑法上の贈賄罪・収賄罪に該当するおそれがあるんです。それに、これ以外にも、国家公務員の職務執行は国家公務員倫理法によって厳しく規律されています。

この法律に基づく政令である国家公務員倫理規程では、国家公務員は、利害関係者から金銭や物品・不動産を無償で受け取ることや、無償でサービスの提供を受けること、供応接待を受けること――お酒や食事などを振舞われたり、一緒に旅行、ゴルフ、麻雀をすることなどは禁止されていて、違反した国家公務員は処分や罰則の対象になる可能性があります。

国家公務員だけじゃなくて、地方公務員にも、多くの自治体で同様の条例や規程が定められています。公務員と仕事をする際には、これらの規制に注意しないといけませんよ。

「ご理解いただけましたか？」

「お祝いするつもりが、これじゃ本末転倒だな」

黄田はやれやれと肩をすくめ、白石は「相手にも迷惑がかかってしまうっていう発想はありませんでした。さすが緑山さんです！」と言いながら、感心と尊敬の入り混じった目で緑山を見ている。

そして青木はというと、テーブルに両手をつき、がっくりと肩を落としていた。

「……ということは、このカタログで注文することはないのかぁ……」

「そんなに注文したかったの？」

緑山の疑問を、白石が代弁してくれる。頼んだ品が自分のものになるわけでもないのに、注文だけしたい、というのもおかしな話だ。

青木はうなずいた。

「はい……。実は、このカタログで食器セットを購入すると、デパートの割引券がもらえるから、ラッキー！　と思って張り切って買い物リストを作っちゃったんです」

どうやら割引券を使って買う予定だったものがあるらしい。

そんな青木の様子に、緑山は、この前、青木が女性雑誌で、バッグ、靴、洋服、化粧品——どれも、ボーナスでも入らなければ手が出せないような高級ブランドをながめていたのを思い出した。

食器セットは経費で落とす予定だっただろうから、青木の懐は一切痛まずに、割引券だけが手に入るという算段だ。だが、そう簡単においしい思いができるほど、世の中は甘くない。

「そういうものは、自腹で買いなさい」

緑山の容赦ない一言に「あぁ……」と悲しそうに青木はうなだれ、男性陣は苦笑したのだった。

CASE14＊POINT

【今回の事件】

1 黄田たちが、仕事上で利害関係のある国家公務員の息子の結婚のお祝いに、高級食器を贈ろうとしていた

優子からのアドバイス

1 公務員の職務行為に関して金品などを提供・収受する行為は、刑法上の贈賄罪・収賄罪に該当するおそれがある

2 国家公務員の職務執行は国家公務員倫理法によって厳しく規律されている

3 国家公務員倫理規程では、国家公務員は、利害関係者から金銭や物品・不動産を無償で受け取ること、無償でサービスの提供を受けること、供応接待を受けることなどが禁止されており、違反した国家公務員は処分や罰則の対象になる可能性がある

4 地方公務員についても、同様の条例や規程が定められている

＊ NGチェック＊

・公務員との取引も、民間企業の担当者が相手の時と同じ感覚でいる

・公務員との仕事の後に、会社の費用で飲み会をしたことがある

・公務員への接待をやめるのは難しいと思っている

CASE 15
外国公務員との適切な関係

～海外でも賄賂はＮＧ？～

コンプライアンス意識にはやや不安がある課長の黄田。成長途上の若手社員二人……。コンプライアンスリーダーの緑山が目を離すと、すぐに問題発生 !?

さてさて、今日はどんな事件が起こるのでしょうか？

海外での仕事は国内とは違うことも多いですが、外国公務員との関係も、日本とは違っていい、と思っていませんか？

コンプラ株式会社、営業第一課オフィス。

パン食べ放題のランチメニューに加えてデザートまで平らげ、満腹の緑山優子は、室温がちょうどいいこともあって、ひそかに睡魔と闘っていた。

とはいえ、普段から自分が見本にならなければいけないと振る舞っている以上、業務中にあくびをするなどもってのほかだ。いくら商談に出かけていて後輩が二人とも不在とはいえ、上司である課長の黄田良男の目がある。

「そういえば、緑山さんの同期の加藤くんって、海外赴任中だよね。連絡って取ってる？」

何を思ったのか、黄田が突然そんなことをたずねてきた。

加藤義之は同い年ということもあり、入社したての頃から仲良くしていた。それに加藤は同じ業界から転職してきたため情報通で、わからないことはよく彼に聞いたものだ。今でも、同僚であると同時に友人として、プライベートでも連絡を取ることがある。

「ええ、たまに……。でも、いきなりなんですか？」

確か、黄田と加藤の間に接点はほとんどなかったはずだ。

疑問が顔に出ていたらしく、「いや、午前中の会議で、今立ち上げている海外事業の話が挙がってね」と黄田は補足する。

「厄介な案件みたいなんだけど、確か、加藤くんが任されてたから大丈夫かなぁと思ってさ。海外転勤も初めてだったはずだし、大変だろうと思ってね」

「そうですね。現地企業との打ち合わせは順調らしいですが、許認可の方が手間取ってるみたいです」

「許認可か、こっちとはやり方が違うから大変だろうな。俺は英語もあまり達者じゃないし……」

「加藤くんは、英語は得意だから、その点は大丈夫だと思います。ただ、現地の公務員との打ち合わせが多いみたいなんですけど、なかなかうまくいかないみたいで……」

たまにメールや国際電話で愚痴ってくることから、それなりにストレスがたまっているのだろう。

正直にそう告げると、黄田の表情がくもる。

「そうか……。ところで、その相手の公務員、ゴルフは好きかな？」

「ゴルフですか？　そういえば、ゴルフを趣味にしているみたいだって言ってたような気がしますけど」

なぜそんなことを聞いてくるのだろう、と本日二度目の疑問を抱く。首をかしげる緑山とは反対に、黄田は満足そうにうなずいている。

「だったら、ゴルフクラブのセットを贈るようアドバイスしてあげるといい。高級なのにした方がいいぞ。好きなものをもらって気を悪くする人間はいないからな。きっと仲良くなれて、仕事もぐっとしやすくなるはずだ！」

「そんなことできませんよ」

冷やかな目で切り捨てる緑山だが、黄田はめげずに食い下がる。

「マジメな緑山さんには理解できないことかもしれないが、海外での取引は日本とは違うんだよ。きれいごとばかりじゃうまくいかないことだってあるんだ」

「そういう問題じゃありません」

このままだと、自分を介さず、加藤に間違ったアドバイスをしてしまうかもしれない。それを未然に防ぐため、緑山は説明を始めた。

「いいですか、課長？」

外国公務員への賄賂は、倫理的に問題があるだけでなく、法律で禁止されているんです。経済協力開発機構（ＯＥＣＤ）加盟各国では、「国際商取引における外国公務員に対する贈賄の防止に関する条約（外国公務員贈賄防止条約）」に基づき外国公務員への贈賄を処罰する法令が定められていて、日本でも不正競争防止法に関連規定が定められているんですよ。

不正競争防止法では、国際商取引に関して、営業上の不正の利益を得るために、その外国公務員などに、その職務に関する行為をさせたりすることを目的として、外国公務員に対して、直接、または第三者を通して、金銭やその他の利益を供与したり、その申し込みや約束をしたりすることが禁止されています。

多くの国では、公務員に対する贈賄罪を処罰対象としているので、加藤くんが今仕事をしている国の法律でも処罰されてしまいますよ。

「……というわけで、日本であろうが外国であろうが、賄賂は絶対にダメです」

そう言い切ると、黄田は決まり悪そうに頭をかいた。

「そうだよなぁ。よくわかったよ。じゃあ、加藤くんには、今度帰国したら俺がゴルフに誘うからって言っておいてよ」

「え……？　いいですけど……。ただ、加藤くんは別にゴルフ好きではなかった気がするんですが……」

「何!?　そうなのか!?」

黄田がデスクを叩いて立ち上がり、緑山の席までやってきて熱弁を始める。

「ゴルフはいいぞ！　天候やコースによって毎回違うプレイが楽しめるし、ドライバーで思いきり飛ばした時の爽快感も最高だし、何よりいろんな人に会えて仲良くなれるからな！」

「は、はぁ……」

「緑山さんもどうかな？　今週の日曜日に、また行こうと思ってるんだが」

「すみませんが、遠慮しておきます。ゴルフ場は、その……遠い場所にあることが多いですよね？　私、遠出があまり得意ではないので」

丁重に断ったつもりだが、黄田は複雑な表情になる。

そんな理由でゴルフをしないなんてもったいない、とでも言いたげだが、趣味嗜好は人それぞれだ。一応は納得してくれたらしく、「そうか、仕方ない」と言って自分のデスクへ戻っていく。

「なら俺は、日曜日にゴルフを楽しみながら、加藤くんにひとつ贈りものでもしようかな！」

「えっ？　な、何をですか？」

まさか、加藤をゴルフ仲間に引き込むためにクラブでもプレゼントしようと言い出すのではないだろうか。

警戒する緑山をよそに、黄田はにやりと笑った。

「海外で頑張っているわが社の社員に、エールを贈るんだ！　これなら、贈賄罪にはならないだろ？」

「そ、そうですね……きっと加藤くんも喜ぶと思います」

「うーん、話してるとだんだん打ちたくなってきたな。一人で打つのもさびしいし、これを機に加藤くんがゴルフにハマってくれたらな～」

パソコンを前にしつつ、テンションが上がってきたらしい黄田は常備してある孫の手を両手で握り、クラブを打つ真似をし始める。

それを横目に、緑山は加藤に黄田とは別の意味でエールを贈ったのだった。

CASE15＊POINT

【今回の事件】

1 緑山から、海外赴任中の緑山の同期が現地での許認可に手間取っていると聞いた黄田が、現地の公務員に高価な贈り物をしてはどうかと提案してきた

優子からのアドバイス

1 日本では、不正競争防止法で、国際商取引に関して、営業上の不正の利益を得るために、その外国公務員などに、その職務に関する行為をさせることを目的として、直接、もしくは第三者を通して、金銭やその他の利益を供与したり、その申し込みや約束をしたりすることが禁止されている

2 多くの国では、公務員に対する贈賄罪を処罰の対象としているため、現地の法律でも処罰される可能性がある

＊ NGチェック＊

・海外では、仕事を円滑に進めるために、現地の公務員に対して接待や金品の供与が必要な場合もあると思っている

・海外では、日本の法律は適用されないと思っている

・海外の業務で、現地の公務員に、過度な贈答や接待をしたことがある

CASE 16 会社資産の取扱い

～会社のものは、会社のもの～

コンプライアンス意識にはやや不安がある課長の黄田。成長途上の若手社員二人……。コンプライアンスリーダーの緑山が目を離すと、すぐに問題発生!?

さてさて、今日はどんな事件が起こるのでしょうか？

毎日使う会社の備品。つい、自分のもののように扱ってしまったりしていませんか？

コンプラ株式会社、営業第一課オフィス。

昼休憩はすでに終わり、時刻は十三時半。営業一課に所属する青木千夏は、他のメンバーが席を外している間に、散らかってきたオフィス内を片付けていた。

その最中、端に放置されている段ボール箱を発見し、開けてみる。中にぎっしりと詰まっていたのは、白いくまのぬいぐるみだ。後で片付けようと思い、ひとまずキャビネットの上に置き、これまでに出たゴミを捨てるために、ゴミ置き場へ向かった。

戻ってくると、先輩の白石亮一が段ボールからぬいぐるみを取り出して、カバンに入れるところだった。

「白石さん、どうしたんですか？」

「あっ、これ、前に作った販促品だよね？」

「はい。口コミで可愛いって評判だったらしいんですけど……」

言葉尻をにごしてしまったのは、評判になるほどの出来とは思えなかったからだ。無料の販促品にケチをつけるのもどうかと思うが、若い女性のセンスにはどうも合わない。

「これ、うちの会社にしてはセンスいいよな」

「えっ」

反応に困る青木は、あらためて段ボールの中のぬいぐるみを見た。

「これ、余りだよね？」

「端にほったらかされてたんで、たぶんそうだと思いますけど……」

「じゃあ、ひとつもらってもいいよね？　最近よく遊びに来る姪っ子がさ、こういうの好きなんだよ。きっと喜ぶぞー」

よほど姪っ子がかわいいのか、白石の頬がゆるむ。

本当は勝手に持っていっていいものかどうかわからないが、こんなにたくさんあるのだし、ひとつくらいはかまわないだろう。

「いいんじゃないですかね」

「ありがとう」

上機嫌でぬいぐるみを見る白石の姿を、青木はほほえましい気持ちで見ていた。

白石が打ち合わせへと出かけた後、入れ違いで課長の黄田良男が戻ってきた。

青木はまだオフィス内の整理を続けていて、次は午前中に届いた文房具の備品を取り出し、整理する作業に取りかかろうとしていた。

「あ、ちょっと待って。そのファイル、ひと束もらっていいかな？」

一度戻って、また外出する黄田にそう言われ、青木はおどろく。ファイルはちょうど今手に持っているが、ひと束で五十枚もあるのだ。

「こんなにたくさん何に使うんですか？」

「いやぁ、最近マンションの理事になっちゃってさ。書類整理やら何やらで、あると便利なんだよ」

「そうなんですか」

返事をしながら、言われた通りにファイルの束を黄田に渡す。しかし、備品を持って帰って使ってもいいのだろうか？

疑問に思うものの、上司がやっていることだし、自分が知らないだけで他の人たちも普通にやっていることなのかもしれない。

それほど気に留めず、青木は備品の整理を再開した。


「ふ〜ふふ〜ん」

黄田が出ていき、一人になった青木は鼻歌交じりでいそいそとコピーを始めた。

業務用の巨大なコピー機から吐き出されるのは、仕事の書類ではない。ポップなデザインの表紙には、「あれから十年。みんな、どんな風に変わったかな」と書かれている。

今週末に予定している、中学校の同窓会のパンフレットだ。幹事を務める友人に頼まれ、人数分をコピーしているのだ。

「同窓会、あこがれのヒロシくん来るかなぁ……」

中学の三年間を同じ教室で過ごしたヒロシを思い出す。頭の中で大人になった彼を想像し、テンションの上がった青木は無意識にコピー機をバンバン叩いた。

「あー、超楽しみ！」

「何が楽しみなの？」

「きゃあああ!?」

いきなり声をかけられ、青木は飛び上がっておどろいた。その拍子に風が起こり、吐き出された数枚のパンフレットがひらひらとオフィスの出入り口の近くまで飛んでいく。

「何よ、オバケでも見たようなリアクションして……ん？」

立っていたのは先輩の緑山優子だった。緑山はあきれた様子でそう言いながらしゃがみ、近くのパンフレットを拾うと眉をひそめた。

「何これ？　同窓会の案内に見えるんだけど」

「そうなんです。幹事の友達に頼まれてコピーしてました」

「こういうこと、やっちゃだめよ」

「え？　でも、白石さんも販促品をもらってカバンに入れてたし、課長も備品のファイルを家で使うって言ってましたよ？」

「まったく、私がいないとこれだから……」

いまだにパンフレットを吐き出し続けるコピー機の中止ボタンを容赦なく押し、緑山は説明を始めた。

「いい？　こういうのは公私混同といって……」

会社の販促品や、会社が購入した事務用品・コピー用紙は会社の資産よ。それを私的な目的で使用したり、許可なく持ち帰ったりしてはいけないの。

会社のものは会社のもの、自分のものは自分のものよ。会社のものを私的に使用するのは、就業規則に違反する行為として懲戒処分の対象になってしまうし、度が過ぎれば、解雇されたり、窃盗罪や業務上横領罪として刑事責任を問われる可能性だってあるわよ。

それに、日ごろから会社で公私混同が放置されていると、社内のモラルが低下して、従業員全体のモチベーションが下がってしまうでしょ？　簡単にいうと、他の誰かがやっているから自分もやっていいっていう考えが横行してしまうと、一人ひとりがたいしたことをしていなくても、会社としては大きな損害につながることになるわ。

日常業務の中でも、コンプライアンスを意識することが大切なのよ。

ちょうど緑山の説明が終わった後、黄田と白石がそろって戻ってきた。

緑山がそれに気づき、二人をにらみつける。

「聞きましたよ！　販促品とファイル、勝手に持って帰ろうとしたんですって？」

え？　という状態で固まる二人の前で、青木はパンフレットの束を緑山に差し出す。

それでなんとなく事情を察したらしい二人も、それぞれ販促品とファイルを緑山に向けて差し出した。

「すみませんでした！」

自分と同じように頭を下げている黄田と白石を見て、やはりこのオフィス内の人間は誰も緑山にはかなわないな、と青木は思い知ったのだった。

CASE16＊POINT

【今回の事件】

1 白石は販促品のぬいぐるみを、黄田は備品のファイルを、私用で使うために自宅に持ち帰ろうとした

2 青木も同窓会のパンフレットを会社で大量にコピーしていた

優子からのアドバイス

1 会社の販促品や、会社が購入した事務用品・コピー用紙は会社の資産であり、私的な目的で使用したり、許可なく持ち帰ったりしてはいけない

2 会社のものを私的に使用する行為は、就業規則に違反する行為として懲戒処分の対象になったり、窃盗罪や業務上横領罪として刑事責任を問われる可能性がある

3 公私混同が放置されていると、社内のモラルが低下してしまうため、日常業務の中でも、コンプライアンスを意識することが大切である

＊ NGチェック＊

・職場で集めているお菓子代や懇親会代を「後で返そう」と考えて借用したことがある

・プライベートで使う資料を、会社でコピーしたことがある

・自宅に持ち帰ったままになっている会社の備品がある

CASE 17 他社の悪口

～自社アピールは正々堂々と！～

コンプライアンス意識にはやや不安がある課長の黄田。成長途上の若手社員二人……。コンプライアンスリーダーの緑山が目を離すと、すぐに問題発生！?

さてさて、今日はどんな事件が起こるのでしょうか？

自社製品の良さをアピールしようと、つい他社の製品を悪く言ってしまったことはありませんか？

小春日和のとある日。コンプラ株式会社。

営業第一課に所属する青木千夏は、先輩の白石亮一と共に取引先の会議室で打ち合わせをしていた。

「このたびは、弊社製品の導入をご検討いただきありがとうございます。お聞きしたところ、競合産業と弊社のどちらにするか、ご検討中とのことですが……」

名刺交換し、あいさつを終えて席に着いた後、白石はさっそくそう切り出した。

相手の佐々木光係長は、髪の毛を左右にきれいになでつけた頭をなでながら言う。

「おや、ずいぶんと早耳ですね」

「正直、あそこの製品はあまりいい評判を聞きませんよ。お客様のクレームも多いとか」

熱のこもる白石の語り口調に、佐々木は小さく笑った。

「ふふふ。ライバルを蹴落とすのに必死ですねー」

「いえいえ、そんなことないですよ。実は以前、競合産業で働いていた派遣社員から聞きまして……な、青木さん」

商売用の笑顔ですらすらと話していた白石から、いきなり話を振られる。

青木は困惑しながら、あわてて相槌を打った。

「あ？　あ、そ、そうですね」

反射的にそう返事をしたが、競合産業で働いていた派遣社員などいただろうか。それとも、自分が知らないだけで、他の部署にいたのだろうか？

首をひねる青木の横で、白石は再び話し始める。

「あと、うちと競合産業の他に、アイミツメーカーも候補に入っているとか？」

「そんなことまで知っているんですか？　まいったなぁ」

クセなのだろうか、佐々木がまた頭をなでる。白石は笑顔をくずさず、「ビジネスの基本は情報収集ですから」と言ってのけた。

「佐々木さん、アイミツメーカーもおすすめできませんよ。アフターサービスがいまいちだって、懇意にさせていただいてるお客様から伺いましたし、新製品も発表ペースこそ早いですが、以前に発売していたものから名前を変えただけって評判ですから」

よどみなく話し続けながら、白石はまたもや、こちらに同意を求める。

「ね、青木さん」

「ええ、まぁ」

本音を言うとよく知らないのだが、下手なことを言うと後で白石に何を言われるかわかったものではない。

白石の言葉に、佐々木もあごに手を当てて考え込む。

「言われてみれば、あそこの製品はどれもパッケージが似ていますね……。いや、知らなかったです」

「ほんとに、まともに商売して新製品を作ってるのなんて、うちくらいのものですよ」

ハハハ、と白石と佐々木は笑い合う。青木も愛想笑いを浮かべつつ、居心地の悪さを感じていた。


「緑山さん、ちょっといいですか？」

帰社した後、手が空いていそうなタイミングを見計らって青木は先輩の緑山優子に声をかけた。

「いいけど……なんだか、浮かない顔ね。商談はうまくいったって、聞いたわよ」

「実はその件で、少し気になることがあって……」

白石が話していた他社の悪口について包み隠さず話すと、どんどん緑山の表情が険しくなっていく。

「それはちょっと問題ね」

仕事に集中している様子の白石の席まで行き、緑山は声をかける。

「白石さん、ちょっといいかしら」

「はい？」

声をかけられて立ち上がった白石に対して、緑山は説明を始めた。

「商談でお客様に話したこと、良くないわよ。なぜかというとね……」


いき過ぎた他社製品への批判は、その場しのぎのアピールにはなるかもしれないけど、従業員と会社に、刑事責任として、信用毀損罪・偽計業務妨害罪や、場合によっては、名誉毀損罪が成立することもあるし、民事責任として不法行為責任を追及される可能性もあるの。

営業成果を焦る気持ちもわかるけど、いき過ぎた他社批判をしてしまうと、個人と会社に対して損害賠償請求がされることもあるわ。もしそんなことになってしまったら、営業部だけじゃなくて、法務部や会社全体を巻き込んだ問題になってしまうわよ。

最近は、インターネット上で他社のイメージダウンになるような批判を書き込む事例もあるようだけど、そんなのはもってのほかよ。

営業する場合は、他社批判じゃなくて、自社アピールを前提にして売り込むのが一番なのよ。

緑山の注意を受け、白石の顔が青くなる。

「売り込みたくて夢中だったとはいえ、そんな大問題を起こすかもしれないことをしてたなんて……」

深刻な表情の白石の肩を軽く叩き、それまでの厳しい顔から一変し、緑山ははげますようにほほえんだ。

「もう一度きちんと説明すれば大丈夫よ」

「はい。今から電話でお詫びして、もう一度説明の機会をもらえるよう頼んでみます」

「それがいいわね」

白石と同時に、青木もほっと胸をなで下ろす。

実は、商談に同席している間、こんなことを取引先の担当者に言ってもいいんだろうかと、気が気でなかったのだ。

元々青木は、何事にも直球勝負をしたい性分で、今回のように情報を操作して戦うようなやり方は好きになれないのだ。

「私もご一緒します！　白石さん、行きますよ！」

白石と緑山が何か言いかけたが、やる気がみなぎった青木はかまわずオフィスを出ていく。

その背中に、「電話してからだってばー！」という白石の声がかけられたのだった。

CASE17＊POINT

【今回の事件】

1 白石が取引先に対して、競合他社の製品やサービスを根拠なく批判することで、自社製品の良さをアピールしようとした

2 同席していた青木は他社の悪口を言ってよいのか疑問に思った

優子からのアドバイス

1 いき過ぎた他社製品への批判は、信用毀損罪、偽計業務妨害罪、名誉毀損罪に問われる可能性がある

2 民事責任として、不法行為責任の追求や損害賠償を請求される可能性もある

3 インターネット上に他社のイメージダウンになるような批判を書き込んではいけない

4 自社製品の良さは、他社批判ではなく、事実に基づいてアピールするべきである

＊ NGチェック ＊

・顧客から他社製品の話が出た際、根拠なく、他社製品を悪く言ってしまうことがある

・自社製品の良さをアピールするために、競合製品のデメリットを強調したことがある

・競合製品との性能の違いなどを大げさに言うことがある

CASE 18 売上の操作

～粉飾決算をしないために～

コンプライアンス意識にはやや不安がある課長の黄田。成長途上の若手社員二人……。コンプライアンスリーダーの緑山が目を離すと、すぐに問題発生!?

さてさて、今日はどんな事件が起こるのでしょうか？

会社員ならば目標達成のために頑張るべき！　でも、「手段を選ばず」になってしまっていませんか？

コンプラ株式会社、営業第一課オフィス。

緑山が会議のために席を外しているため、今、室内にいるのは白石亮一と青木千夏の二人だけだ。青木がデータ入力のため、せわしなくキーボードを叩くとなりで、白石はクライアントと電話で話をしている。

「え？　発注は来期にしたい？」

彼は眉をひそめながら、受話器を耳と肩で挟み、手帳をめくってカレンダーを確認しながら相槌を打つ。

「ええ……ええ……そうですか。わかりました、仕方ないですね……」

通話を終えた後、白石はぼう然と宙を見つめている。どうやら、相当ショックなことを電話の相手から告げられたようだ。

さすがに心配になり、青木は作業の手を止めて声をかけた。

「どうかしたんですか？」

「まいったよ。今期一番の大口受注、延期になるそうなんだ」

絶望的な表情で言われたセリフに、青木も仰天して「ええ!?」と大声をあげる。

「あれがないと、今期の売上目標が達成できないんじゃないですか？」

「そうだよなぁ……あー、どうしよう」

白石は両手で頭を抱える。仕事など手につかないといった様子で受話器が外れたまま放置された電話機が、ピカピカとオレンジ色の光を放った。

このままでは、ずっと営業成績一位をキープしていた一課の評判が地に落ちてしまう。別に、他の部署に負けたからといって何かペナルティがあるわけではないが、長年続いていたものを自分たちのせいで途切れさせるわけにはいかない。

青木も、どうにか目標を達成したい一心で、白石に問いかける。

「なんとかならないんですか？　今まで、ずっと目標達成してきたのに」

「先方にもやむをえない事情があるそうで、無理言うわけにもいかないんだ。でも、ここまで頑張ってきたのに、今期で台無しにするわけにもいかないしなぁ……」

白石は頭をガシガシとかきむしり、しばらくうなっていたが、何か妙案がひらめいたのか、いきなり手を下ろして顔を上げた。

「……待てよ？　発注自体は必ずするって言ってたし、それなら売上を今期の分に入れても大丈夫なんじゃないか？」

「それで目標達成できるじゃないですか。さすが白石さん！」

「やったな！」

青木は白石と共にハイタッチをして喜びを分かち合う。なんとか、このまま一位をキープし続けることができそうだ。

するとヒールの靴音が近付いてきて、室内に誰かが入ってくる。

入ってきたのは、二人の先輩にあたる緑山優子だった。手を取り合う二人を見て、不思議そうな顔をしている。

「あら、二人ともどうしたの？」

「実は、今期の大口受注が延期になっちゃったんですけど、目標達成のために、その売上予定分を今期の売上に入れちゃおうって話をしてまして」

興奮していた青木は、ペラペラと全てを素直に話す。

となりで白石が「あ」と声をもらす。青木が話を終えると、緑山の表情は、非情に険しくなっていた。

「ちょっと、それはまずいわよ」

「でも、発注自体は必ずするって言ってましたよ？」

「そういう問題じゃないわ」

はぁ〜、と幸せが逃げそうなほど深いため息をつき、緑山は腕を組んで説明を始めた。

売上操作は、重大なコンプライアンス違反よ。今回のような行為を実行してしまうと、会社に虚偽の報告をすることになるから、報告者は懲戒処分の対象になってしまうわ。また、これが会社ぐるみの粉飾決算だと判断された場合、会社や役員は損害賠償責任の他、複数の刑事責任を負う可能性があるわ。

粉飾決算っていうのは、前にも説明したと思うけど、売上の水増しや費用の過少計上などにより、決算の内容を操作することよ。もちろん、企業の会計原則に反した行為よ。

粉飾決算はそれだけでも違法行為だから、会社が社会からの信用を失うことになるのは言わずもがなだけど、それだけじゃなく、法人税法違反などにつながった場合、会社が重大な法的責任を負って、最悪の場合、倒産してしまう危険もあるのよ。

緑山の口から語られた恐ろしい事実に、青木は怪談話以上に背筋が寒くなるのを感じてふるえあがった。

「ひええ……倒産って、なんだか話がすごく大きくなっちゃいましたね。クビになったら困ります！」

「僕だって困るよ！　というか、僕たちだけの問題じゃないんだな……」

白石はしみじみとつぶやき、青木も知らなかった事実に感心する。

「粉飾決算って聞いたことはありますけど、自分には関係ないと思ってたので、詳しく知ろうとはしてきませんでした。そんなことになっちゃうんですね」

「ニュースやネットで見たことはあるけど、大きい会社で、悪い人がこっそりやってるものだと思ってたよな」

白石は、自分のしでかしていたかもしれない事態に青くなっている。

「そうよ。何事も、まじめにやるのが一番なの。まだ今期が終わるまでもう少しあるんだし、ここは一丸となって、もうひと頑張りしましょう」

「はい！　逆転目指して頑張ります！　あ、でも、どうせなら、何か目標があった方がもっと頑張れるっていうか……」

青木は少しおちゃめな表情で緑山の顔をうかがうが、緑山は青木の真意がわからなかったようで、首をかしげる。

「目標？　具体的な売上目標があるじゃない」

「そうじゃなくて、達成できたら、緑山さん、ゴハンおごってください！」

緑山が「ええっ？」と言って、あからさまに嫌そうな顔をする。

それに気づかないふりをして、白石まで便乗してきた。

「あ、いいなぁ。それ、僕もお願いします！」

「調子に乗るんじゃないの！」

緑山に一喝され、青木と白石は「ちぇー」と文句を言いながらも、自分の席に戻って仕事を再開したのだった。

CASE18 * POINT

【今回の事件】

1. 白石の担当している顧客が、今期予定していた大口発注を来期に延期したいと連絡をしてきた
2. 白石は、発注は必ずするとのことなので、その分の売上を今期に計上して今期の売上目標を達成しようとした

優子からのアドバイス

1 売上操作は、会社に虚偽の報告をすることになり、報告者は懲戒処分の対象となる

2 会社ぐるみの粉飾決算であると判断されると、会社や役員は損害賠償責任や複数の刑事責任を負う可能性がある

3 粉飾決算とは、売上の水増しや費用の過少計上などにより、決算の内容を操作することであり、企業の会計原則に反した行為である

4 法人税法違反等につながった場合、会社は重大な法的責任を負う

* NGチェック *

・忙しい時に、領収書の処理を後回しにすることがある

・金額が同じであれば、費目を変えて精算してもかまわないと思っている

・目標達成のためには、売上の計上時期の前倒しもやむをえないと思っている

CASE 19
情報の適切な管理

～ＩＤ・パスワードは、あなただけの秘密です～

コンプライアンス意識にはやや不安がある課長の黄田。成長途上の若手社員二人……。コンプライアンスリーダーの緑山が目を離すと、すぐに問題発生!?

さてさて、今日はどんな事件が起こるのでしょうか？

社内の情報管理。いつものことだからと、つい、いい加減になっていませんか？

コンプラ株式会社、営業第一課オフィス。

時刻は、まだ始業開始して間もない九時十五分だ。

一課に所属する白石亮一は、オフィスの出入り口で台車に大量の荷物を乗せて運んできた宅配業者の対応をしていた。

「どうも～。いつもありがとうございます」

「重いものなので、中に運んでもよろしいでしょうか？」

「はい、お願いします。適当に中に置いといてください、後で片付けますんで」

手早く受領書にサインをして、しばらく荷物を運びこむ様子をチェックした後、「後はよろしくお願いします」と声をかけ、席に戻って仕事を再開する。

すると、課長の黄田良男の席で何やら作業をしていた後輩の青木千夏が、白石の方に顔を向けた。

「白石さーん。すみません、課長のパソコンのＩＤとパスワードってわかりますか？」

「え？　課長のパソコン？」

「作るのを頼まれたプレゼンの資料、課長から前回のを参考にしてって言われたんですけど、肝心の前回の分が課長しかアクセスできないフォルダに保存されてるみたいなんです」

課長は商談のため会社を空けている。帰社予定は十五時なので、まだまだ帰ってこない。

「ちょっと待ってね」

白石は自分のパソコンに貼ってある無数の付せんの中から、目当てのものを剥がして青木に渡した。

「はい、これで開けるはずだよ」

受け取った青木はさっそく黄田のデスクでパソコンを操作する。

「あ、開けました。ありがとうございます」

「俺、情報管理担当だからさ。なんでも聞いてよ」

ささいなことでも、やはり後輩に頼られるのはうれしい。

白石は付せんを返してもらいながら、少々誇らしい気持ちになった。後ろで荷物を運び込んでいる宅配業者が、じっと見ていることにも気づかずに……。


十五時の休憩になり、白石が休憩室でコーヒーを飲んでいると、足音が近付いてきた。誰かと思って顔を上げると、そこには黄田が立っていた。

「あ、課長。おかえりなさい」

「ちょっと保管庫のカギを借りたいんだけど、担当って君だったよな」

「はい。僕の机の一番上の引き出しに入ってるので、持っていってください」

「わかった、ありがとな」

黄田の背中を見送りながら、白石は思う。

聞かれたことになんでも答えられるって、こんなに気持ちいいことだったのか！

情報管理担当なんて、任された当初は面倒だとしか思っていなかったが、なかなかいいものだ。

すると、新たな人物が背後に立っているのに気がついた。

「あ、緑山さん。お疲れさまです」

「お疲れさま。ねえ、さっき課長と話してたのが聞こえたんだけど……」

そう言ったのは、一課のリーダーである緑山優子だ。本人に言うと怒られそうだが、仕事の鬼という表現がふさわしい目で、じっと白石を見下ろしてくる。

「ああ、僕、情報管理担当なんですよ。緑山さんも、何かわからないことでもあったんですか？」

教わることは山のようにあれど、彼女に何かを教える機会などそうそうない。

得意げな気持ちでそうたずねる白石に対して、なぜか緑山は苦々しい表情だ。

「つい見逃してしまったけど、午前中にも青木さんに頼まれて課長のパソコンのＩＤとパスワードを教えていたわよね」

「はい。それが何か？」

「しかもその時、確か、宅配業者がオフィスの中にいたわよね？」

「は、はい……」

だんだん雲行きが怪しくなってきた。なんとなく嫌な予感がしたが、時すでに遅し。

緑山は仁王立ちし、完全にお説教モードに入っていた。

「そういうの、あまり良くないわよ。あのね……」


不正アクセス禁止法では、不正アクセス行為や、不正アクセス目的で他人のＩＤ・パスワードを不正に取得する行為、不正に保管する行為、正当な理由なく他人のＩＤ・パスワードを提供する行為などが禁止されているの。

不正アクセス行為っていうのは、インターネットやＬＡＮなどの電気通信回線を通じて、他人のＩＤ・パスワードを悪用したりして、本来アクセス権限のないコンピュータを利用することよ。

それに、パスワードを書いた付せんをパソコンに貼ったりしていたら、ソーシャルエンジニアリング――パスワードを背後から盗み見るなどの人的手段で情報を盗み取ること――の被害につながる可能性があるわ。今回のように、部外者が室内にいる場合は特に気をつけなきゃ。

それから、基本的に関係者以外に安易にカギの保管場所を教えてはいけないわ。カギを貸し出す場合は、「いつ、誰に」貸し出すのか、後でわかるように記録を取るなど、適切な管理をするべきよ。


「白石さん、わかった？」

「はい。今度からは気をつけます」

調子に乗っていたことを見すかされたようで、少し恥ずかしい。白石が殊勝にうなずくと、緑山は「よろしい」と言って笑った。

そして、自動販売機でカフェオレを買った彼女と共に、オフィスに戻った。

数日後、席で仕事をする白石に、青木が声をかけてきた。

「白石さん。保管庫のカギ貸してもらえませんか？」

「いいよ。ちょっと待ってね」

そう言って、引き出しの中から、貸出記録表を取り出した。

すぐにカギを渡してくれない白石の様子に少し戸惑い、記録表をのぞき込む青木。

気にせず、白石は引き出しからカギを出して渡す。

「はい。使い終わったら、なるべく早く返してくださいね」

「……白石さん、どうしたんですか？　なんか、いつもと違いません？」

ジロジロと見てくる青木に、白石は胸を張って断言した。

「だって、俺、情報管理担当だからさ、こういうことはきちんとしないとね！」

ポカンとする青木の後ろで、白石の態度の変化の理由を知る緑山が一人苦笑していたのだった。

CASE19＊POINT

【今回の事件】

1 白石は、情報管理担当という立場を勘違いしており、青木から資料作成のために必要だと頼まれ、黄田のパソコンの ID・パスワードを外部者のいる前で教えたり、黄田から保管庫のカギを貸してほしいと頼まれて、自分の机の引き出しに入っているから持っていくように安易に伝えたりした

優子からのアドバイス

1 不正アクセス行為とは、インターネットや LAN などを通じて、他人の ID・パスワードを悪用するなどして、本来アクセス権限のないコンピュータを利用することである

2 他人の ID・パスワードを不正に取得・保管したり、正当な理由なく提供する行為などは、法律で禁止されている

3 パスワードを書いた付せんをパソコンに貼ったり、情報の保管場所のカギを安易に貸し出したりしていると、情報を盗み取られる可能性がある

＊ NGチェック＊

・アクセスできる人が限定されているフォルダ等のパスワードをみんなで使い回している

・パスワード等を、他人から見えるところに貼りつけている

・外部者がいるところで、社外秘の情報を話すことがある

CASE 20 営業秘密の管理

～どれが営業秘密？～

コンプライアンス意識にはやや不安がある課長の黄田。成長途上の若手社員二人……。コンプライアンスリーダーの緑山が目を離すと、すぐに問題発生!?

さてさて、今日はどんな事件が起こるのでしょうか？

社内の情報。どれが営業秘密にあたるかよく考えずに、気軽に持ち出したりしていませんか？

コンプラ株式会社、営業第一課オフィス。

部屋はいつもと変わりないが、今日はムードメーカーの青木千夏が午後から半休を取っており、上司の黄田良男と先輩の緑山優子は取引先との打ち合わせに出かけているため、やけに広く感じる。

蛍光灯の白い光の下で、白石亮一は一人、パソコンを前にうなっていた。

「来週のプレゼン資料、もうちょっとグッとくる内容にならないかなぁ……」

新規プロジェクトのメンバーに抜擢され、大喜びしたのもつかの間、いろいろと資料のパターンを作ってみたものの、どれもいまいちに見えてしまう。

根拠となる説明が足りないのだろうか？　それとも、キャッチコピーを考えた方がいいのか？　いや、小手先でごまかすよりも、ぱっと見ただけで気になるような内容にしたい。

しばらく頭を抱えていたが、その時、ふと妙案がひらめいた。

「そうだ、この間の戦略会議で出された顧客情報！　あれを使えば説得力が出るぞ。確か、プロジェクトメンバーは期間限定でアクセスできたはず……」

ファイルをダブルクリックし、プロジェクトメンバーに選ばれた際に渡されたパスワードを入力する。すると、画面いっぱいに、ずらりと顧客情報が並んだ。

「よし……って、あー、もうこんな時間か」

いつもは時間を忘れて没頭していても誰かが声をかけてくれるのだが、今日は誰もいないのだ。ふと腕時計に目をやると、二十時近くなっている。

「よし、続きは家でやろう」

机の上にあったＵＳＢメモリを手に取ると、それをパソコンに接続する。顧客情報をコピーするためだ。

すると、二人分の足音が近付いてきて、取引先との打ち合わせから戻った黄田と緑山が姿をあらわした。

無事に打ち合わせが終わり、ほっとした表情で黄田と談笑していた緑山が、パソコンの前に座る白石を見て声をかける。

「白石さん、まだ残ってたの？　遅くまでご苦労さま」

「あ、でももう帰りますよ」

「無理しないようにね」とねぎらいの言葉をかけてくれるが、ふいに彼女の目が鋭くなる。その視線は、どうやら点滅しているＵＳＢメモリに注がれているようだ。

黄田も同じものに気づき、声をかけてきた。

「なんだ、持ち帰って仕事か？」

「はい」

「そうか。仕事熱心な部下を持って、俺は幸せだ！」

バシバシと遠慮なく肩を叩かれ、白石は少々むせながらも愛想笑いを返す。

「ちょっと課長！　持ち帰り残業をほめてちゃダメですよ」

盛り上がる黄田とは反対に顔をしかめながら、緑山は白石のパソコン画面をのぞいた。

「それに、これ、顧客情報じゃない。社外秘の営業秘密だって、わかってるわよね？　持ち出しには手続きが必要だったはずよ」

「えっと、それは……」

そういえば、パスワードを渡された時にもそんなことを言われた気がする。だが、面と向かって「手続きしていません」と答える勇気もなく、白石は目をそらすことしかできなかった。

緑山はやれやれと言わんばかりに肩をすくめると、いつものように説明を始めた。

不正競争防止法では、営業秘密とは、「秘密として管理されている生産方法、販売方法、その他の事業活動に有用な技術上または営業上の情報であって、公然と知られていないもの」とされており、①秘密管理性、②有用性、③非公知性、の三要件を満たすものを営業秘密というのよ。

職場にはいろんな営業秘密があって、製造方法を含む技術に関する情報資産だけじゃなく、販売・接客マニュアルといった営業に関する情報資産など、多岐にわたるわ。もちろん、顧客情報だって含まれるわよ。

こうした営業秘密は外部に漏れてはいけないから、取り扱う時には、決められた手順や手続きを守らなければいけないのよ。


「営業秘密って、本当に慎重に扱わなくてはいけないんですね」

「そうよ。このプレゼン、当日までまだ日があるわよね？　資料作りは明日に持ち越したらどうかしら？」

それもそうだ。持ち出そうとするから問題が生じるのだ。持ち帰って情報が漏えいしたら大変だし、明日会社で作業をした方がいい。

「はい。今日は帰って、明日に向けてゆっくり休みます」

白石は緑山の助言に従い、ＵＳＢメモリにコピーするのはやめて、パソコンの電源を落とした。

「ルールを守って、いいプレゼン資料を作ってくれよ。楽しみにしているからな」

「お任せください！」

白石の返事に黄田は満足そうにうなずくと、緑山に声をかける。

「それにしても、今日の打ち合わせ、うまくいってよかったな。どうかな緑山さん、お祝いに軽く飲みに行かないか？」

「いいですね。行きましょう！」

盛り上がる二人がそのままオフィスを出ていこうとしたところで、白石はあわてて待ったをかけた。

「僕も連れてってください！」

「あら、さっき帰って休むとか言ってなかったっけ？」

緑山がめずらしく意地悪な表情でほほえむ。黄田は「いいじゃないか」と言って豪快に笑うと、もう一度白石の肩を叩いた。

「よし、景気づけの意味もかねて、白石くんの分は俺がおごってやろう！」

「本当ですか⁉　やったー！」

ガッツポーズをする白石の前で、緑山が「えー！」と露骨に顔をしかめる。

「白石さんだけずるいじゃないですか。だったら私もおごってください！」

「それは、また次の機会にな」

「次っていつですか！」

わいわい騒ぎつつ、白石は二人と共にオフィスを出る。

パチン、という音と共に、にぎやかなオフィスは少し遅めの消灯時間を迎えたのだった。

CASE 20＊POINT

【今回の事件】

1 白石は、プレゼン資料に顧客情報を使うことを思いつき、自宅で作業をするためにコピーして持ち帰ろうとした

2 しかし、その情報は営業秘密にあたるデータで、持出しの許可も取っていなかった

優子からのアドバイス

1 営業秘密とは、秘密として管理されている（秘密管理性）、生産方法、販売方法その他の事業活動に有用な技術上または営業上の情報であって（有用性）、公然と知られていないもの（非公知性）である

2 営業秘密は、製造方法を含む技術に関する情報資産、販売・接客マニュアル等の営業に関する情報資産など、多岐にわたる

3 営業秘密を取り扱う時には、決められた手続きを守らなければならない

＊ NGチェック＊

・業務で使っている資料を自宅にメールで送信したり、持ち帰ったりしたことがある

・会社にある資料のうち、どれが営業秘密か把握していない

・電車の中などの公共の場で、営業秘密が記載された書類を読んだことがある

CASE 21
SNSの適切な利用

～その内容、書き込んでもOK？～

コンプライアンス意識にはやや不安がある課長の黄田。成長途上の若手社員二人……。コンプライアンスリーダーの緑山が目を離すと、すぐに問題発生 !?

さてさて、今日はどんな事件が起こるのでしょうか？

お客様や仕事への愚痴。イライラが募って、ついSNSに書き込んだりしていませんか？

コンプラ株式会社、営業第一課オフィス。

今日は始業直後からみんなが出払っており、室内にいるのは青木千夏だけだった。

一人でいるのは、いざという時に頼れる相手がいないので心細くもあるが、同時に羽を伸ばせるので気楽でもある。そんなことを口に出すと、規律に厳しいコンプライアンスリーダーの緑山優子にこっぴどく叱られてしまいそうだけれど。

時刻は十時を回ったところ。クライアントに宛てたメールを書いていると、固定電話が鳴った。

「はい、コンプラ株式会社でございます」

『あんたんとこの商品をいつも買ってる者なんだけどね』

その第一声で、すでに嫌な予感がした。

「もしもし」も言わず、こんな風にケンカ腰で話し始める電話が、いい内容だった試しがない。

とはいえ、相手は大切な顧客だ。内容も聞かずに切るわけにもいかないので、青木はひとまずお決まりの謝辞を述べる。

「日ごろからご愛顧いただき、まことにありがとうございます」

『どうしてくれんのさ』

「えっ？」

『今日、あんたんとこの商品買おうと思ったら、製造中止だって？　うちの子はあれしか使えないから、なくなると困るじゃない。どうなってんのよ』

それを私に言って、どうしろっていうのよ！

青木は心の中で叫ぶが、当然ながら、電話の相手に届くはずもない。

売上の少ない製品の製造をやめるのは、仕方のないことだ。売れない製品を作ったところで、会社が損をするばかりなのだ。

そんなことを考えている間にも、電話の相手はクレームを吐き続けている。

もうこれは自分だけではどうしようもない。とりあえず相手をクールダウンさせて、クレーム担当部署の人に助けを求めよう。

そう決めて、青木は口を開いた。

「申し訳ございません。あの、担当の者に代わりますので……」

『まったく、客の意見も聞かずに勝手に製造中止するなんて、あんたの会社はお客さんを大事にするって考えはないの？　こっちは雨が降ってたのに、わざわざ自転車で行ったのよ。だいたいねぇ……』

まるで流れる水のように、文句は際限なく続いていく。ここまでくると、聞いているだけで気が滅入ってしまいそうだ。

『ちょっと、聞いてんの!?』

「はい……申し訳ございません……」

もはや何を言っても火に油を注いでしまう状態なので、青木はひたすら謝り続けたのだった。


休憩時間になり、青木は給湯室に向かった。

気分転換にコーヒーを淹れようと思うが、イライラはいっこうに収まらず、青木はスーツのポケットから携帯電話を取り出した。

慣れた手つきでSNSを起動させ、ものすごい速さで愚痴を打ち込む。

『朝からチョー鬱《うつ》。モンスターおばさんからクレームくらってやってらんねー』

そのまま送信ボタンに指を伸ばす。しかし、親指の腹が画面に触れる直前、給湯室の入り口に人影が見えた。

「お疲れさま。さっきは結構言われちゃった?」

「えっ?」

声をかけてきたのは、先輩の緑山だ。だが、同じ部屋にいたわけでもないのに、どうして青木がクレーム対応をしていたことを知っているのだろう。

するとと、青木の心を読んだように、緑山はくすりと笑った。

「廊下を通った時にね、青木さんが電話しているところが見えたの。険しい顔でずっと頭を下げながら謝ってたから、たぶんクレーム対応じゃないかなって思って」

「すごい……。それだけでわかったんですか？」

感心する青木に対して、「私にも似たような経験があるからね」と言って緑山は苦笑いを浮かべる。

「愚痴ならいくらでも聞くからね」

そうは言われても、やはり腹は立つ。今日は、ずっとこのイライラを引きずってしまいそうだ。

無意識にまた眉間にシワを寄せていたらしく、緑山は肩をすくめた。

「そうそう。間違ってもネットに書き込んだりしちゃだめよ」

「え……っ」

「最近多いのよ。顧客からのクレームに対する愚痴や、顧客の悪口をそのままネットに書き込んじゃって、会社にバレて問題になるケース。それがきっかけで、懲戒処分されたりすることもあるのよ」

「そ、そうなんですか？」
「そうよ。最近、SNSを使う人が増えてるけど……」
そうこぼし、緑山は話し始めた。

SNS（ソーシャル・ネットワーキング・サービス）は、便利なコミュニケーションツールよね。でも、利用の際には、その場が「公共の場」であることや、一度書き込んだ情報は完全には削除できないことをしっかりと認識する必要があるのよ。

例えば、上司や同僚など特定の個人への悪口、顧客や取引先に対する誹謗中傷、会社の内部情報などを書き込むことは、名誉毀損や会社の信用低下、個人情報の漏えいなどにつながるし、私たち労働者が負う守秘義務の違反にもなるわ。こういう場合、相手から損害賠償を請求される可能性があるだけでなく、会社から懲戒処分を受けることもあるのよ。

SNSの利用にあたっては、こうしたことに十分注意しなきゃだめなのよ。

「……というわけで一応聞くけど、さっきの電話に対する愚痴、まさかネットに書き込んだりしてないわよね？」
「も、もちろんですよ！　それより緑山さん、今日、仕事終わったら飲みに行きませんか？

愚痴ならいくらでも聞くって言ってくれましたよね⁉」

「しょうがないわねー」

そうほほえむ緑山の返事にガッツポーズをして、青木は「じゃあ失礼します！」と言って給湯室を出た。

そして、緑山の死角で書き込みを削除すると、上機嫌でオフィスに戻ったのだった。

CASE21*POINT

【今回の事件】

1 青木が、製品の製造中止についてのクレームの電話を受けた

2 その電話で、長時間、しつこく顧客から責め立てられてイライラが募った青木は、SNS にクレームへの愚痴を書き込もうとした

優子からのアドバイス

1 SNS を利用する際には、その場が「公共の場」であることや、一度書き込んだ情報は完全には削除できないことを認識する必要がある

2 上司や同僚など特定の個人への悪口、顧客や取引先に対する誹謗中傷、会社の内部情報などを書き込むことは、名誉棄損や会社の信用低下、個人情報の漏えいなどにつながる

3 相手から損害賠償を請求される可能性もあり、守秘義務違反として会社から懲戒処分を受けることもある

＊ NGチェック＊

・仕事のストレスを、SNS への書き込みで発散している

・仕事の自慢話を、SNS に書き込んでいる

・友人以外は閲覧できないよう SNS の公開範囲を設定しているので、何を書き込んでもいいと思っている

CASE 22 職場にある個人情報

～名刺やメールアドレスも!? ～

コンプライアンス意識にはやや不安がある課長の黄田。成長途上の若手社員二人……。コンプライアンスリーダーの緑山が目を離すと、すぐに問題発生 !? さてさて、今日はどんな事件が起こるのでしょうか？

職場にあるたくさんの個人情報。きちんと、取扱いルールを守っていますか？

コンプラ株式会社、営業第一課オフィス。

十五時の休憩時間に入り、緑山優子、白石亮一、青木千夏の三人がコーヒー片手に雑談していた。

「で、その子がまた可愛くってさぁ……」

「もー、白石さんったらさっきからアイドルの話ばっかり！　もうちょっと現実的な女の人とのお付き合いを視野に入れた方がいいですよー」

「青木さんはこの動画を見てないから、そういうことが言えるんだよ！」

そう言うがいなや、白石は携帯電話を取り出して操作し始めた。青木はげんなりした表情で、「なんとかしてくださいー！」と緑山に助けを求める。

「まぁ、そのアイドルが白石さんの日々の原動力になってるならいいんじゃないかしら。さてと、そろそろ、仕事に戻りましょうか」

緑山の声かけに、三人は席に戻って仕事を再開した。

二人に少し遅れて席に着いた白石が、ふと思い出したように切り出した。

「そういえば、この間、どこかの会社で、大量の個人情報が流出したっていう事件がありましたよね」

青木は興味を引かれたようで、「個人情報ですか?」と聞き返す。

緑山も、記憶に新しい事件だったので口を挟んだ。

「あれは、顧客の個人情報が盗まれたんだったわね。信用を回復するにはかなりの時間がかかるでしょうね」

「うちも気をつけないといけませんね」

うなずく白石のとなりで、青木は不思議そうな表情を浮かべている。

「でも、うちの会社は個人情報を扱う会社じゃないですよ。それに、顧客リストなんて私のパソコンには入ってませんし、個人情報なんてどこにあるんですか？」

「そうだね……」

そう答えながら、白石も首をかしげた。

「個人の情報をたくさん扱っている会社だったらそうだけど、うちの場合はどうかなぁ」

二人は「うーん」とうなり、そのまま考え込んでしまう。

どっちも知らないのか、と緑山は心の中で突っ込みを入れる。こんな調子では先が思いやられる。

「二人とも、メールの送受信はしてるでしょ？」

「はい」

「それに、お客様の名刺には氏名が書かれているわよね？」

「はい」

緑山に質問されて、反射的に手元の名刺を見ながら青木が答える。

「その名前もメールアドレスも、個人情報なのよ」

緑山は立ち上がると、白石と青木のデスクに視線を落とした。

白石のパソコンには、得意先の電話番号の書かれた付せんが大量に貼られており、青木のデスクには、名刺が無造作に散らばっている。

緑山は鋭い目つきでそれを見ながら、説明を始めた。

「個人情報」っていうのは、「生存する個人に関する情報であって、氏名、生年月日その他の記述などにより特定の個人を識別することができるもの」をいうの。

職場には、いろいろな個人情報があるわ。

お客様や取引先の名刺、顧客リストなどに加え、従業員の履歴書や名簿などにも個人情報が含まれているわ。それに、メールアドレスやＩＤなども個人情報になることがあるのよ。

このように、個人情報は、職場のいたるところにあるの。個人情報を本人に無断で第三者に開示したり、漏えいしたりすると、会社の信用が大きく低下することになりかねないわ。社員一人ひとりが、このことを自覚し、個人情報を適切に取り扱う必要があるのよ。

「個人情報って身近にあるんですね」

「そうよ。だから、こんな風に雑に扱っちゃだめよ」

そう言って、緑山は両手で後輩二人の散らかったデスクを叩く。

すると、二人はあわててデスクの上を片付け始めた。

「あなたたちだって、自分の情報が簡単に他人に漏れると嫌でしょ？　されて嫌なことはしちゃいけないわ」

「はい。まぁ、僕は知られて困るような秘密はありませんけどね」

そう言う白石は、よくわからないが誇らしげだ。確かに、彼は良くも悪くも嘘がつけない性格なので、隠しごとなどはなさそうだ。

現に、アイドル好きであることを、職場で一切隠さず公言している。

「私はいっぱいあります！」

「女の子は秘密がいっぱい、ってやつ？」

「そうですよ～」

そう言う青木の顔を見て、ひとつイタズラを思いついた緑山は、彼女の耳の近くでささやいた。

「気をつけないと、今年の新卒の小出くんがあなたのタイプだってことも、漏れちゃうわよ」

「そうですね、気をつけないと。……って、ええ⁉　どうしてそれを⁉」

ぎょっとして立ち上がる青木に対して、一人取り残されている白石は「え？　なんですか？」と不思議そうに緑山と青木を交互に見ている。

「な、なんでもないです！　ね、緑山さん？」

「そうねえ。青木さんが取引先の名刺も整理せず、そこらへんにほったらかすようなズボラ女だと知ったら、小出くんも幻滅しちゃうかも……」

「きゃー‼」

青木の悲鳴と、白石の「え？　小出？」という疑問、そして休憩時間の終わりを告げるチャイムが見事に重なる。

「あら、もうこんな時間。さて、会議室で資料でもまとめてこようかしら」

緑山はデスクの上にある大量の書類を抱えると、事態がいまいち飲み込めていない白石を放置して、早々にオフィスを後にする。

「待ってください緑山さん、その情報、どこで手に入れたんですかー！」

照れの混ざった青木の怒鳴り声を聞き、緑山はひそかに笑みを浮かべたのだった。

CASE22＊POINT

【今回の事件】

1 青木と白石は、自社は個人情報を扱う会社ではないため、特に個人情報の取扱いに気をつける必要はないと考えている

2 白石のパソコンには得意先の電話番号を書いた付せんが大量に貼られており、青木の机の上には名刺が無造作に散らばっている状態である

優子からのアドバイス

1 個人情報とは、生存する個人に関する情報であって、氏名、生年月日その他の記述などにより特定の個人を識別することができるものである

2 職場には、名刺、顧客リスト、従業員の履歴書など、多数の個人情報があり、メールアドレス等も個人情報になることがある

3 個人情報が漏えいすると、会社の信用が大きく低下することになる

＊ NGチェック＊

・個人情報の入った書類を机の上に置いたままにしている

・業務で扱う書類に個人情報が含まれているかどうか意識したことがない

・BCC 欄に入れるべきメールアドレスを、うっかり CC 欄に入れてメールを送信したことがある

CASE 23
インサイダー取引－情報伝達行為－

～親切心があだになる!? ～

コンプライアンス意識にはやや不安がある課長の黄田。成長途上の若手社員二人……。コンプライアンスリーダーの緑山が目を離すと、すぐに問題発生 !? さてさて、今日はどんな事件が起こるのでしょうか？

身近になった株取引。親切心で、教えてはいけないことを、知り合いに教えていませんか？

コンプラ株式会社、三階の休憩スペース。

今日は春なのに冬のような気温で、朝からの外出ですっかり体が冷えてしまったので、熱いコーヒーを飲んで一休みしよう。そう思った緑山優子が休憩スペースに足を運び、奥の椅子でコーヒーを飲んでいると、廊下から後輩二人の声が聞こえてきた。

「さっきの会議、びっくりしましたね」

「だね。まさか全品回収になるなんて」

「ええ。大丈夫ですかね、うちの会社」

どうやら、白石亮一と青木千夏のようだ。話に夢中で、二人は緑山の存在に気づいていないらしい。

二人はその後も少しの間雑談していたが、会話の流れを断ち切るように、突然、携帯電話の着信音が鳴り始めた。緑山は社内ではマナーモードにしているので、おそらく二人のうちどちらかのものだろう。

「ごめんなさい、白石さん」

そのセリフから察するに、どうやら鳴ったのは青木のものらしい。

「あー、いいよ。出て出て」

もう一度、小さく「すみません」と謝る声がして、青木は電話に出たようだ。

「もしもし？　あっ、上田くん久しぶり！　いきなりどうしたの？」

明らかにプライベートっぽい相手だ。休憩室とはいえ、プライベートの電話なのに声が大きすぎるのでは……と心の中で突っ込みを入れつつ、コーヒーを飲みほす。

会社であれはまずいわね。後で注意しなくては……。

などと考えている緑山の耳に、青木の電話での会話が勝手に入ってくる。

「……そういえば、うちの会社の株持ってるって言ってたよね。あぁ、五万円くらいなんだ……」

株、という一言が引っかかり、緑山は話の内容に注意を向けた。

会話の方向性が、あまり良くない感じになり始めている。流れ次第では、早急に青木を止めなければならない。

「実はね、まだ調査中で公表してない情報なんだけど、今日の会議で……」

「青木さん、ちょっといい？」

「きゃっ⁉」

やはり緑山の存在に気づいていなかったらしく、声をかけると青木は飛び上がっておどろいた。

『千夏ちゃん、大丈夫？　なんかあった？』

青木が手に持った携帯電話から、若い男の声が聞こえた。

「おどろかせてごめんなさい。だけど緊急の話なの。悪いけど、いったん電話は切ってくれる？」

青木は困惑したような表情だったが、緑山の有無を言わせぬ口調におののいたのか、「は、はい……」とうなずいて携帯電話を耳に当てた。

「上田くんごめん、また後で連絡するね」

青木が完全に電話を切ったことを確認してから、緑山は本題を切り出した。

「青木さん、今日の会議の話、お友達に伝えようとしてたでしょ？」

「あ、はい。友達がうちの会社の株を持っていたのを思い出して。うちの会社の株を持っているせいで損したら何か悪いから、一応言っておこうと思って……」

気持ちはわかる。好きで知人に損をさせたいと思う人間なんてそうそういないし、青木は特に素直で友達想いな性格だ。

だが、これを放置しては、彼女のためにもならない。

「青木さん、インサイダー取引って知ってる？」

「インサイダー？」

そうよ、と言って緑山は心を鬼にして説明を始めた。

　インサイダー取引っていうのは、会社関係者や、会社と契約交渉、契約関係にある者、第一次情報受領者などが、上場会社の業務等に関する重要な事実を知りながら、重要事実の公表前に、その上場会社の株式等の取引をおこなうことで、金融商品取引法で禁止されているの。ちなみに、第一次情報受領者っていうのは、会社関係者から重要事実の伝達を受けた人のことで、家族や知人などが多いわ。

　わかりやすく言うと、青木さんは会社関係者、友人の上田さんは第一次情報受領者になるわね。

　インサイダー取引は、上場会社の役員や社員、契約社員、派遣社員、パート社員などの会社関係者やその取引関係者だけではなく、会社関係者が家族や友人に情報を漏らした結果、その家族や友人が株式等の取引をおこなうことも規制の対象とされてるわ。この場合、その重要事実を伝える「情報伝達行為」や、取引を勧める「取引推奨行為」をおこなった人も罰せられるの。

　緑山が説明を終えると、青木は感心しきりの様子で言った。

「テレビとかではよく聞くけど、詳しい意味までは知りませんでした。あのまま話していたら、逆に上田くんに迷惑をかけることになってしまったんですね」

「そうよ。これからは、お友達のためにも情報の扱いには気をつけないとね」

「そうですね」

青木は携帯電話を胸に抱き、ほっとした様子で息を吐いたが、いきなり目を見開いて
「ああっ！」と大声を出した。

「な、何!?」

「上田くんにもうひとつ伝えなきゃいけないことがあるのを忘れてました！」

「えっ、まだあるの？」

またよからぬことを言おうとしているのではないだろうか、と不安になる緑山に向かい、
青木はキラキラした目で「はい！」と元気よくうなずく。

「今週は獅子座が金運一位なので、宝くじを買うなら今週にした方がいいよって教えてあげるんです！」

そのとたん、となりに座っていた白石が、がくっと席からずり落ちる。

「それなら安心ね」

緑山は、苦笑しながら青木に言う。

もっとも、金運が一位だからといって、宝くじが当たれば誰も苦労しないけれど。

――というのは、心の中で思うだけに留める緑山であった。

CASE23＊POINT

【今回の事件】

1 製品に問題が生じ、全品回収になりそうだという話を会議で聞いた青木が、自社の株をもっている友人に損をさせないために、その情報を伝えようとした

優子からのアドバイス

1 インサイダー取引とは、会社関係者や第一次情報受領者などが、上場会社の業務等に関する重要な事実を知りながら、重要事実の公表前に、その上場会社の株式等の取引をおこなうことである

2 インサイダー取引は、金融商品取引法で禁止されている

3 会社関係者が家族や友人に情報を漏らすことや、取引を勧めること、その結果、その家族や友人が株式等の取引を行うこともインサイダー取引の規制の対象となる

＊ NGチェック＊

・立場上知った公開前の情報を元に、株を売買しようと考えたことがある

・社内で重要な情報に接する立場にあるが、情報の管理に関してそこまで意識していない

・インサイダー取引に関する知識を持たずに、株取引をしている

CASE 24 著作権の保護
－ソフトウエアのライセンス契約－
～インストールは、確認してから～

コンプライアンス意識にはやや不安がある課長の黄田。成長途上の若手社員二人……。コンプライアンスリーダーの緑山が目を離すと、すぐに問題発生!?

さてさて、今日はどんな事件が起こるのでしょうか？

便利なパソコンソフト。きちんと、ライセンス条件を守って利用していますか？

コンプラ株式会社、営業第一課オフィス。

顧客情報のデータ整理をしているのだが、専用のソフトがパソコンに入っていないため、青木千夏はパソコンの前で悪戦苦闘していた。

ちなみに、格闘を始めてから、かれこれ一時間は経過している。

「あーもう！　どうしてエラーが出るの!?」

さすがにもう嫌になって、デスクでぐったりしていると、横で見ていた先輩の白石亮一が心配して声をかけてくれる。

「青木さん、ずいぶん苦労しているみたいだね」

「はい。見てくださいよ、これ……」

青木はイライラしつつ、何度もエラーが表示される一連の作業を白石の前で実演してみせる。

どう考えてもやり方はこれで合っているはずなのに、全く先に進めなくなってしまった。

これなら、自力で打ち込むのと何も変わらない。

白石も何度かやってみるが、結果は同じだった。

「確かに、よくわからないね」

「白石さんもそう思いますか？」

自分より経験の長い彼でさえわからないというのだから、自分には無理だ。気が立っている青木は心の中で悪態をつき、「はあ～」と特大のため息をついた。

「せっかくソフトを使って仕事を楽にしようと思ったのにな」

「うーん、これ、専用のソフトじゃないからなぁ。もっと簡単にできるやつもあるはずだけど……」

思わぬ朗報に、青木は目を輝かせる。

「じゃあ、そっち貸してください！」

「よし、ちょっと待ってて」

そう言うやいなや、白石はオフィスを出ていき、五分後にさっそうと戻ってきた。

「これこれ。こっちの方が使いやすいよ。となりの課から借りてきた」

彼が手に持っているのは、パソコンソフトのＣＤ－ＲＯＭのようだ。

「ありがとうございます」

「さっそく使ってみよう」

パソコンのディスクドライブを開き、白石がケースからＣＤ－ＲＯＭを取り出す。するとと、向かいの席で仕事をしていた一課のリーダー、緑山優子が、それに気づいて声をかけてきた。

「あら？　そのソフトって、となりの課のやつじゃなかったっけ？」

「はい。ちょっと借りてきたんですよ」

白石がそう答え、ソフトをディスクドライブにはめようとすると、緑山が「ちょっと待って」と制止する。

「勝手に使い回してもいいの？」

「え？　でも、このパソコンはちゃんと対応機種ですし、インストールできると思いますけど」

「できるからってしていいわけじゃないのよ。このソフトのライセンス条件は確認したの？」

「ライセンス条件……？　なんのことですか？」

首をひねる青木と白石に、緑山は説明を始めた。

著作物を、著作権者の許諾を得ないで利用することは、著作権の侵害にあたるのよ。コンピュータソフトウエアも著作権法で保護された著作物だから、ソフトウエアを利用する際は、著作権者と「使用許諾契約書」を取り交わす方法や、インストール画面上でクリックするなどの方法によって、著作権者との間でライセンス契約を締結することが一般的なの。

　だから、ソフトウエアを利用する場合には、まずそのソフトウエアのライセンス条件を確認する必要があるの。ライセンス条件に反して、無断でソフトウエアを他のパソコンなどにインストールすると、ライセンス契約に違反する可能性があるからね。

「……というわけで、確認せずに勝手にインストールしてはダメよ。仕事を楽にするためには、きちんとした準備や手続きも必要なの」

　緑山の注意を受け、やはり借りてきた責任感があるのか、白石はしっかりとうなずいた。

「わかりました。ちゃんとうちの課も権利者から使用許諾を取って使えるように、俺、稟議書あげます！」

「さすが白石さん！　先輩の鑑！」

　ここでヨイショしておけば、また困ったことがあった時に助けてくれるだろう。

　ちょっと打算的な考えを持ち、青木は白石をおだてた。

　気分を良くした彼は「よし！　青木さん、何か困ったことがあったらなんでも僕に言ってよ！」と言って胸を叩いた。

「……じゃあ、さっそくお願いしてもいいですか？」

「い、いいよ、なに？」

とすでに後悔し始めている白石に対して、うれしそうに青木が言った。

「実は私、タイピング練習ソフトが欲しいんです。最近、ゲームみたいに楽しくできるのが出たので」

「おっ、それはいいね～」

白石も興味があるようだ。

「これこれ、このホームページに載っているやつなんですけど」

「どれどれ……、おっ、いいね～」

「ですよね～。ここにお試しもあるんです」

「よーし、さっそく、試してみようか！」

ゲーム好きの白石と青木は盛り上がる。

そんな二人に、緑山は容赦なく活を入れた。

「二人とも、いつまでもそんなことやってないで、仕事に戻りなさい！」

「ひー！」

「すみません～。まずは、となりの課にこのソフトを返してきます～」

白石はあわてて走っていった。

その後、タイピング練習ソフトの購入は見送りになったけれど、業務用のソフトは白石が宣言どおりに稟議書をあげてくれたので、購入できた。そのおかげで、青木の事務仕事はちょっぴり楽になったのだった。

CASE24＊POINT

【今回の事件】

❶ 青木がデータ整理で苦労していたので、白石がとなりの課からパソコンソフトを借りてきて、自部署のパソコンにインストールしようとした

優子からのアドバイス

1 著作物を、著作権者の許諾を得ないで利用することは、著作権の侵害にあたる

2 コンピュータソフトウエアも著作権法で保護された著作物であるため、ソフトウエアを利用する場合は、ライセンス条件を確認する必要がある

＊ NGチェック＊

・会社のパソコンソフトを、無断で自宅のパソコンにインストールしたことがある

・個人的に購入したパソコンソフトを、会社のパソコンでも利用したことがある

・会社で購入したパソコンソフトは、社内であれば自由に使えると思っている

CASE 25
景品についての規制

～インパクトは大事だけど…～

コンプライアンス意識にはやや不安がある課長の黄田。成長途上の若手社員二人……。コンプライアンスリーダーの緑山が目を離すと、すぐに問題発生 !?

さてさて、今日はどんな事件が起こるのでしょうか？

おまけやプレゼントを考えるのは楽しいもの。でも、景品には、さまざまな規制があること、知っていますか？

コンプラ株式会社、三階の会議室。

そこには、リーダーの緑山優子を除く営業第一課のメンバーが集まっていた。課長の黄田良男、白石亮一、青木千夏。議題は、新製品のキャンペーンについてだ。

「みんなの頑張りのおかげで、売上目標までもう少しのところにきた」

そう言って黄田は、ホワイトボードの近くに立ち、白い板の上に貼られたチラシに視線を向けた。

チラシには、新製品のジューサーの写真が載っている。コンパクトで手入れがしやすく高性能という優れものだ。会社がかなり力を入れた製品らしく、カラーも三色展開である。値段は二千円。この性能なら妥当な値段といったところだろう。

「ここで、今週末発売の新製品の大々的なキャンペーンを打とうと思うんだが、何かいい企画はないかな?」

「いいですね!」

青木は真っ先に賛成した。企画立案などの普段と違う仕事は、まるでイベントのようでわくわくして楽しい。

「元々、そこまで高価な製品じゃないし、ただ値段を下げるだけじゃないキャンペーンにしたいですね」

先輩の白石は落ち着いた声で言って、うーん、と小さな声でうなる。

「キャンペーン……キャンペーンなぁ……」

「例えば、新製品に応募券を同封しておいて、抽選で景品をプレゼントとかどうでしょう？」

青木の提案に、黄田が「お、いいね！　グッドアイデアだ」と感心した様子でホワイトボードに書き留める。

「えっ、そうですか～？　やった～！」と、うれしそうな様子の青木に対して、

「似たキャンペーンは他の会社もやってるから、どうにかしてそれと差別化して、話題性が欲しいね」

と黄田がさらなるリクエストをすると、白石は少し考え、何かひらめいた様子で意見する。

「ブランドものとかどうですか？　お客さんも喜びそうですよ」

「あー、うちのカミさんも好きだからなぁ。女性はそういうのに目がないよな」

うんうん、とうなずきながら黄田はホワイトボードに書き足す。

「でも、この製品のターゲットは女性だけじゃないからなぁ……。ハンカチとかなら、使い勝手もいいし、男でも使えるんじゃないか？」

黄田がボードに『ハンカチ』と書き加え、大きく丸印をつけた。

しかし、青木はまとまりつつある議論に待ったをかける。

「お二人とも、甘いです！　ここはどーんと、世界一周旅行にしましょう！」

「おおっ、すごいな！　クイズ番組の優勝賞品みたいだね」

白石のほめ言葉に、青木は得意げになって続けた。

「そのくらい豪華にしないと、話題性がありませんからね！」

「確かに、お客さんに興味を持ってもらわないと意味がないからな。それなら宝くじみたいで夢があるし、老若男女、あらゆるお客さんの興味を引けそうだ！」


「……というわけで、私の案が採用されそうなんです！」

オフィスに戻った青木は、一人商談のため会議を欠席していた先輩の緑山に鼻高々で報告していた。

てっきりほめられると思っていたのに、予想に反し、緑山は微妙な表情だ。

「そんな豪華なものにするの？　さすがにコストがかかりすぎよ」

「でも課長は、予算のことは気にせずに、インパクトのあるキャンペーンにしようって言ってましたよ」

青木の補足を聞いても、緑山の表情は晴れない。

「うーん……その景品は、やっぱり問題あるわね」

「え？　緑山さんもブランドもののハンカチの方が良かったですか？」

「そうじゃなくてね」

難しい顔のまま、緑山は賛成できない理由を話し始めた。


景品表示法では、一般消費者の利益を保護するために、一般消費者による合理的な選択を妨げるおそれのある行為を制限したり禁止したりしてるの。その中には、景品類の限度額を規制し、過大な景品類の提供を禁止することも含まれてるのよ。

景品表示法に基づく景品規制には、①一般懸賞に関するもの、②共同懸賞に関するもの、③総付景品に関するものがあって、それぞれ、提供できる景品類の限度額、つまり最高額や総額が定められてるわ。

単一の事業者でおこなう「一般懸賞」における限度額は、取引価額が五千円未満の場合は取引価額の二十倍、取引価額が五千円以上なら十万円と定められてるの。

今回景品をつける製品は二千円だったわよね？　ということは、景品は二千円の二十倍以内だから、四万円以内のものにしなくちゃいけないってことよ。

緑山の話を聞き終えた青木は、インパクトを重視しすぎて大切なことを見失っていたことに気づき、深く反省した。

「確かに、おまけが目的になっちゃ本末転倒ですよね」

「そういうこと。わかってきたじゃない」

納得はできるし、調子に乗りすぎたとも思う。

けれど、やはり落胆し、青木は「あ～あ」と唇をとがらせた。

「やっとアイデアが採用されて、私もこの部署のおまけじゃなくなると思ったのになぁ」

「大丈夫よ。青木さん、もうおまけなんて言えないくらい、うちの課の役に立ってるから」

まさか自他共に厳しい緑山から、そんな温かい言葉をかけてもらえるなんて。

「緑山さん……私のこと、そんな風に評価してくれてたんですか？　感激ですー！」

感極まった青木は緑山に抱きつき、しかしクールな彼女は「暑い」と言って容赦なく青木をひっぺがした。

「まぁ、私を越えるには、まだまだ精進しなきゃいけないけどね」

「えぇー!?　先輩、冷たいです！　でも、負けませんからねー！」

いつか、緑山を超えるバリバリのキャリアウーマンになってみせる！

ひそかに熱意をたぎらせる青木を見て、緑山は苦笑するのだった。

CASE25＊POINT

【今回の事件】

1 新製品のキャンペーンについて、青木は、抽選で「世界一周旅行」をプレゼントする企画を提案し、黄田と白石もその案を気に入った

優子からのアドバイス

1 景品表示法では、景品類の限度額を規制し、過大な景品類の提供を禁止している

2 景品規制には、①一般懸賞に関するもの、②共同懸賞に関するもの、③総付景品に関するものがあり、それぞれ、提供できる景品類の最高額や総額が定められている

3 単一の事業者でおこなう「一般懸賞」の限度額は、取引価額が5千円未満の場合は取引価額の20倍、取引価額が5千円以上の場合は10万円と定められている

＊ NGチェック＊

・景品の上限額の規制について調べずに、景品の内容を決めている

・商品が売れるのなら、どんな景品でもつけた方がいいと思う

・お客様のためにも、常に景品はつけた方がいいと思う

CASE 26 消費者契約とは

～オーバートークはＮＧ!?～

コンプライアンス意識にはやや不安がある課長の黄田。成長途上の若手社員二人……。コンプライアンスリーダーの緑山が目を離すと、すぐに問題発生!?

さてさて、今日はどんな事件が起こるのでしょうか？

お客様への説明の際、契約を急ぐあまり、不正確な説明をしていませんか？

コンプラ株式会社、営業第一課オフィス。

朝礼を終え、青木千夏はそれなりに上機嫌で事務仕事をこなしていた。最近、花粉症がつらいのだが、今日は商談の予定がなく、会社の外に出なくてもいいのだ。くしゃみや目のかゆみから解放されるし、特別難しい仕事もない。しかも今日は花の金曜日だ。

しかし、青木とは反対に、電話対応をする先輩の白石亮一は幸先の悪い一日を迎えているようだ。

「え？　解約ですか？」

不吉な言葉に、青木は思わず聞き耳を立てた。白石の表情は、どんどん険しくなっていく。

「聞いてた話と違ってた？　……はい、はい……あれっ、でもその点に関しましては、最初にご説明したかと思うのですが……」

弁明を試みる白石だが、相手の反応はよくないようだ。具体的な内容までは聞こえないが、白石の持つ受話器から、やや年配らしき人物のものとおぼしき声がもれている。

「よく理解できずに契約してしまった？　それはちょっと……商品に不具合があったわけじゃないんですよね？」

クレームだろうか。「使い方がよくわからないからやっぱりいらない、金を返せ」という理不尽な電話は、それほどめずらしくない。

面倒な客につかまった白石に同情しつつ、青木は仕事を続けた。

「……かしこまりました。検討しますので、少々お時間いただけますか？　はい、失礼します」

白石は電話を切ると、「はあぁ……」と数年分の幸せが逃げそうなほど盛大なため息をつき、ひとまず落ち着こうと、休憩室へ向かった。


「さっきの電話、解約だったんですか？」

白石の落ち込んだ様子が心配になり、青木がやってきた。

「まいったよ。ほら、この間、ショールームの応援に行った時、その場で買いたいって言うお客さんがいたから俺が対応したんだ。なのに、契約の時に聞いた話と違うから返品したいって言い出して。説明の時の多少の誤解なんてよくあることなのに……」

一息にそう話し、白石は頭を抱えてしまった。解約されたら、また売上目標金額から遠のいてしまうからだ。

「説明はしたんですよね？」

「したした。まぁ、ちょっと誇張はしちゃったかもしれないけど」

後半の言葉に、青木は「あれ？」と思う。白石のことを、面倒な客につかまった被害者だと思っていたが、どうやら事実は違うらしい。

「誇張って……具体的には、どういうことを言ったんですか？」

「そうだなあ……メンテナンスなんて全く必要ありませんとか言っちゃったかもしれないなあ」

「そうなんですか……」

明らかにそれが原因でしょ、と言いたいのはやまやまだったが、相手は先輩なのでおさえた。それでは、話が違うと言われても仕方がない。

「それで、どうするんですか？　さっき、検討するとか言ってましたけど」

「大丈夫だよ。次に電話した時に、ひたすら頭を下げて解約されないようにお願いすればいいさ」

確かに、ひたすら歩き、頭を下げるのが営業という仕事なのかもしれないと思うが、そんな方法でいいのだろうか？

首をひねる青木だが、白石は打ち合わせのために出ていってしまったため、その話は中途半端に終わってしまった。

楽しい週末を過ごし、迎えた月曜日。オフィスでは、デジャヴを感じる光景が繰り返されていた。

「……ですから、そういった理由での解約はできない決まりになっているんです。こちらが説明不足だったことは認めますが、付属の説明書もございますし、全てのお客様に対して、口頭で全てを説明することはできかねますので……」

どうやら、白石はまた同じ顧客の対応をしているらしい。何度も電話をかけてくるなんて、相手はそうとう怒っているのだろう。大丈夫なのだろうか。

「解約できないって突っぱねるつもりらしいんですけど、大丈夫ですかね？」

青木は、コピーを取りに戻ってきた先輩の緑山優子の元に行ってたずねた。

「なんでもかんでも突っぱねるのはダメよ。解約できる場合もあるのよ」

「そうなんですか？」

白石のうんざりした様子の電話対応を聞きながら、青木は緑山の話に耳をかたむけた。

消費者契約っていうのは、消費者と事業者との間で締結される契約のことをいうの。

消費者契約法では、事業者が重要事項について事実と異なることを告げたり、将来の不確実な事項について断定的な発言をして消費者が誤認したりした場合、さらには消費者を困惑させる行為があった場合、消費者が、契約の申込みまたはその承諾の意思表示を取り消すことができる、とされているわ。

事業者は、消費者よりも情報の質や量、交渉力の面で優位な立場にあるから、契約の際には、消費者が勘違いするような不適切な発言をしないことや、きちんとした説明をすることが求められているのよ。

その後、緑山から同様の説明を受けた白石は、先ほどの顧客にもう一度電話をかけた。

「僕の説明が間違っていたことを認めて、解約手続きをしました」

「ええ、その方がいいわ。残念だけど、次回からは成果を焦って言い過ぎないようにね」

緑山の注意を受け、白石は素直に首をたてに振った。

「そうですね。勉強になりました。私、白石はこの失敗を糧に新製品の販売に尽力しようと思います！」

どうやら、緑山の説明を受けてずいぶんと反省したようだ。

「その調子で頑張って！」

「頑張ってください！」

緑山と青木にはげまされ、白石は照れ笑いを浮かべたのだった。

CASE 26 * POINT

【今回の事件】

1 白石の説明を聞いて商品を購入した顧客が、「契約の時の説明と実際の商品の内容が違うから返品したい」と連絡をしてきた

2 白石は、契約の際に商品の説明を誇張した覚えがあったが、「商品に不具合があったわけでもないのに返品はできない」とつっぱねようとした

優子からのアドバイス

1 事業者が重要事項について事実と異なることを告げたり、将来の不確実な事項について断定的な発言をして消費者が誤認した場合や、消費者を困惑させる行為があった場合、消費者は、契約の申込みやその承諾の意思表示を取り消すことができる

2 契約の際には、消費者が勘違いするような不適切な発言をしないこと・きちんとした説明をすることが求められる

＊ NGチェック＊

・顧客に対して、商品やサービスについての説明を省略したり、不正確な説明をしたりすることがある

・顧客が納得していない状況で、契約をせかすことがある

・購入したら、基本的には返品できないと思っている

CASE 27
特定商取引についての規制

～電話営業、再トライ？～

コンプライアンス意識にはやや不安がある課長の黄田。成長途上の若手社員二人……。コンプライアンスリーダーの緑山が目を離すと、すぐに問題発生！？

さてさて、今日はどんな事件が起こるのでしょうか？

電話での営業には、さまざまなルールがあります。きちんと守っていますか？

コンプラ株式会社、営業第一課オフィス。

白石亮一は、朝からとても上機嫌だった。廊下で新入社員にぶつかられても、コンビニの店員に釣り銭を間違えられても、通りすがりの犬に小便をかけられそうになっても、全く腹が立たなかったほどだ。

「白石さん、なんかいいことあったんですか？」

となりのデスクで事務仕事を始めようとした後輩の青木千夏が、不思議そうにたずねてくる。

「あ、やっぱりわかる？　わかっちゃう？」

「ええ、まぁ……。白石さん、なんかいつもとキャラ違いません？」

「見てよ、これ！」

白石は上機嫌の理由を教えるべく、先ほど携帯電話に届いたメールを青木に見せた。

「どれどれ……。シークレットライブ当選のご案内、ですか？」

「そう！　会場が小さいから、五百人限定のシークレットライブなんだ！　ファンクラブの会員の中から抽選で、俺が選ばれたんだよ‼」

白石はテンションが上がりきっているようで、抽選までの経緯を夢中で青木に説明する。

「これって、白石さんの好きなアイドルのですよね。私もライブに行くのは好きですけど、白石さんは筋金入りですよね……」

青木があきれたように何かぶつぶつ言っているが、テンションのメーターが振りきれている白石には何も聞こえなかった。

いつもは少しばかりゆううつになる電話営業も、自らやろうという気持ちになる。

「さ～て、午前中は電話営業しますかねー」

やる気をみなぎらせ、白石は顧客情報を管理しているフォルダにアクセスし、顧客リストを開いた。

「これって、前に断られたお客さんのリストだよね？」

そう問いかける白石に、リストを見た青木も同意する。

「そうですよ。もしかして、また電話するんですか？」

「ふふん。まぁ、見てなって」

今の自分にできないことはない。白石は張り切り、固定電話のボタンを押していく。

「もしもし、斉藤さんのお宅ですか。私、以前にもお電話させていただいたコンプラ株式会社の白石と申します」

『はぁ……』

顧客と話し始めると、視界のすみで、先輩の緑山優子がオフィスに入ってくるのが見えた。打ち合わせが終わったらしい。

「実は、わが社の商品について、ぜひ、お話だけでも聞いてもらえないかと……」

『でも、それなら以前に断ったと思いますけど』

「はい、存じております。ですが、もう一度商品のご説明をさせていただければと思いまして」

勘の良い緑山は、白石が何をしようとしているか気づいたようだ。

「白石さん、だめよ！　早く謝罪して、電話を切って！」

「ええっ⁉」

ぎょっとする白石をにらみ、緑山はしつこく電話を切れと言ってくる。

これは無視すると後でどんな目に遭うかわからない。不満は残ったが、言われるがままに謝罪し、電話を切る。

「み、緑山さん？　なんなんですか、コワイ顔して……」

「コワイ顔にもなるわよ。まったく、少し目を離すとこれなんだから……」

まるで、イタズラをした子どもを叱る母親のような態度だ。

緑山は白石の前で仁王立ちすると、「いい？」と言って、怒った理由の説明を始めた。

特定商取引法は、訪問販売や通信販売、電話勧誘販売、訪問購入など、事業者と消費者のトラブルを生じやすい取引を対象に、事業者が守らなければならないルールなどを定めているの。

今回、白石さんがおこなったのは「電話勧誘販売」ね。これは事業者が、電話勧誘をおこない、これに対して、消費者から契約の申込みをさせて契約締結に至る方法をいうわ。

この電話勧誘販売では、一度電話勧誘で断られたお客様に、さらなる勧誘をすることが禁止されているのよ。

その他にも、事業者には、勧誘に先立って、事業者の氏名や勧誘をおこなう者の氏名、販売する商品やサービスの種類、勧誘目的の電話である旨を消費者に告げる義務や、契約の申込み時や契約締結時に、商品の種類・価格などを記載した書面を交付する義務などが課されているのよ。

「どう？　今の説明でわかったかしら？」

「すみませんでした。今後は気をつけます」

やる気があればなんでもできる……などという根性論は、しょせんはマンガの中だけの話だということをあらためて思い知らされる。やっぱり、自分はまだまだなんだろうか。

しょんぼりと肩を落とす白石に、青木がおずおずと別のファイルを差し出してきた。

「白石さん。こっちが新規のお客様の名簿です」

「あ、ありがとう」

「私も一緒にかけますよ。さあ、頑張りましょう！」

「そうだな」

「二人とも頑張ってね」

きちんと叱ってくれる先輩と、おっちょこちょいだが優しい後輩に囲まれている自分は、幸せ者かもしれない。

白石がささいな幸福をかみしめていると、緑山が顧客名簿を見下ろしながら言う。

「私が催促する前に、自分から電話営業をするところまではよかったんだけどね……。何か心境の変化でもあったの？」

「緑山さん！　その話を振ったら――」

青木が何か言いかけたが、白石は無視して緑山の言葉に食いついた。

「わかりますか、緑山さん！　実はですね、僕は選ばれたんですよ!!」

クエスチョンマークを浮かべる緑山の横で、「ああ、また始まった……」と青木が頭を抱える。

それに気づかないふりをして、白石は再びアイドルの魅力について語り始めたのだった。

CASE 27 * POINT

【今回の事件】

1 白石が、一度電話勧誘で断られた顧客に、再度電話をして、勧誘しようとした

優子からのアドバイス

1 特定商取引法は、事業者と消費者との間でトラブルを生じやすい取引を対象に、事業者が守らなければならないルールなどを定めている

2 電話勧誘販売では、一度電話勧誘で断られた相手に、さらなる勧誘をすることが禁止されている

3 事業者は、勧誘に先立ち、事業者の氏名や勧誘をおこなう者の氏名、販売する商品やサービスの種類、勧誘目的の電話である旨を消費者に告げる義務や、契約の申込み時や契約締結時に、商品の種類・価格などを記載した書面を交付する義務などが課されている

＊ NGチェック＊

・電話営業は、直接の対面がなく、先方は覚えていないと思うので、何度電話をかけてもよいと思っている

・「とにかく話だけでも」 などと、目的を告げないで強引な営業をしたことがある

・部署内の連携がとれておらず、一度断られた顧客かどうか把握できていない

CASE 28 製造物責任とは

～製品の安全性への責任～

コンプライアンス意識にはやや不安がある課長の黄田。成長途上の若手社員二人……。コンプライアンスリーダーの緑山が目を離すと、すぐに問題発生!?

さてさて、今日はどんな事件が起こるのでしょうか？

メーカーが、製造した製品に対して負う製造物責任。製品の安全性を何よりも優先していますか？

コンプラ株式会社、営業第一課オフィス。

青木千夏は、先輩の白石亮一と共に、届いた段ボールを期待のこもったまなざしで見下ろしていた。

「やっと届きましたね！」

「うん。さっそく見てみよう」

カッターで封を切り、さっそく中身をひとつ取り出す。

中に入っているのは、新製品であるキッチンバサミのサンプルだ。後日、青木と白石が売り込みに行くことになっていて、届くのを首を長くして待っていたのだ。

「あら、サンプルが届いたのね？」

声をかけられて顔を上げると、会議室から一時的に戻ってきた先輩の緑山優子が立っていた。どうやら必要なものを取りに来ただけらしく、「来週はいよいよ発表会ね。準備頑張って！」とだけ言い残し、足早に立ち去ってしまう。

緑山の背中を見送った後、青木と白石はそれぞれハサミを手に取り、適当に動かした。

『包丁いらず』が売りの製品にふさわしく、切れ味はとてもよさそうだ。

だが、構造上の問題だろうか。持ち方に気をつけないと、指先を挟みそうになる。扱うには、少し気をつける必要があるかもしれない。

「痛っ」

「どうしたんですか？」

あわてて白石の手元を見ると、彼は指の先をハサミの柄の部分で挟んだようだ。手を離し、白石は挟んで赤くなっている部分をさすっている。

「何か冷やすものを……」

「大丈夫。ちょっと挟んだだけだから」

「柄のところですよね。私もさっき挟みそうになりました」

「う～ん、扱い方にコツがあるのかもしれないね。ま、慎重にやれば大丈夫でしょ」

挟みそうになったのは、自分がどんくさいせいかと思ったが、二人とも危ないと感じたのなら、これは設計ミスではないだろうか。

「でも、これを使うお客さんも怪我しちゃうかも……」

「いやいや、俺の扱い方が雑だっただけだよ」

そう言って、白石は持っていたサンプルを机の上に置くと、何事もなかったかのように仕事を始めようとする。

青木はそんな白石に対して、食ってかかった。

「白石さんだけじゃなくて、私も挟みそうになりましたよ。やっぱり、開発部に連絡入れた方が良くないですか？」

「ダメだよ。そんなことしたら、開発からやり直しになっちゃうぞ。発表会や発売開始の日付だって決まってるんだし」

「でも、このまま売りだして、怪我をしたお客さんから苦情が寄せられたら、問題になるんじゃないですか？」

「この製品がないと、今期の目標数字が達成できないんだぞ。わかってるだろ？」

むきになり、白石と言い合っていた青木だが、そこでふと出入り口に戻ってきた緑山が立っていることに気づいた。どうやら会議は終わったらしく、じっとこちらの様子をうかがっている。

話に夢中の白石は、先輩の存在に気づいていないらしい。

青木が黙ったのをいいことに、ここぞとばかりにまくしたてた。

「いいか、青木さん。ここは多少の安全性より数字を取るんだ。それが営業ってもんだろ」

「それが営業ってもんではないわよ、白石さん」

鋭い口調で緑山に突っ込まれ、白石は飛び上がっておどろいた。

「うわあ、緑山さん!?　さっき向こうに行ったんじゃ……」

「まったく……。あなたには、きちんと営業とは何かを教える必要があるみたいね」

緑山は怒りできれいな形の眉をつり上げながら、説明を始めた。

製造物責任法では、製造業者等は、製造物の欠陥により他人の生命、身体または財産を侵害した場合、過失があるかどうかに関係なく、これによって生じた損害を賠償する責任がある、とされてるの。

これを「製造物責任」というわ。

製造物責任法上の「欠陥」とは、①安全への配慮が不十分な設計ミスによる「設計上の欠陥」、②設計や仕様どおりに製造されずに安全性を欠いたことによる「製造上の欠陥」、③正しい使用方法や危険性についての説明の不備による「指示・警告上の欠陥」、の三つに分類されるわ。

わが社の製品を買ってくださるお客様に無用な怪我をさせないためにも、自社製品の安全確保について、全ての社員が高い意識を持つことが求められているのよ。

緑山からありがたいお言葉をちょうだいした白石は、素直に開発部に連絡を取り、自分が指先を挟んでしまったことを伝え、開発部が安全性について再検討してくれることになった。

「これで一安心ね」

「つい納期に気を取られてしまいましたけど、あのまま進めていたらまずかったですね……」

「本物の営業って、お客様のことを考えるってことなんですね」

白石も青木も営業とは何かを再確認することができたようだった。

「そうよ。あの製品を買ってくださったお客様が、こういうことになるんだから」

そう言うと、緑山は突然、白石の指先を握った。

「ぎゃあ！」

「し、白石さん？」

白石は悲鳴をあげ、あわてて緑山から離れる。

その様子を見て、緑山はやれやれと言わんばかりに肩をすくめた。

「ほらね。ものすごく痛かったくせに我慢しちゃって」

「すみません……。おとなしく、医務室で氷もらってきます」

すごすごとオフィスを出ていく白石を見送り、青木はひとつの疑問を抱く。

白石が指を挟んだ時、緑山は会議室に戻っていたはずだ。どうして、白石が指を怪我していることを彼女は知っていたのだろう。

間もなく戻ってきた白石と青木に対して、緑山が発破をかける。

「さあさあ、サンプルを確認している間、他の準備を進めておきましょう！」

「あ、はい！」

そう言われ、結局疑問はうやむやのままになってしまう。

でも、女性は秘密が多いものだというし、別にいいか、と思う青木であった。

CASE 28＊POINT

【今回の事件】

1 白石は、新製品のサンプルで怪我をしたにもかかわらず、製品の発売延期などの影響が出るといけないので、その事実を開発部に伝えずに黙っておこうとした

優子からのアドバイス

1 製造物責任法では、製造業者等は、製造物の欠陥により他人の生命、身体または財産を侵害した場合、過失があるかどうかに関係なく、これによって生じた損害を賠償する責任がある

2 製造物責任法上の「欠陥」は、①設計上の欠陥、②製造上の欠陥、③指示・警告上の欠陥、の三つに分類される

3 自社製品の安全確保について、全ての社員が高い意識をもつことが求められる

＊ NGチェック＊

・製品の安全性よりも、納期や開発スケジュールなどを優先する雰囲気がある

・製品の安全テストの結果を修正して報告している

・輸入製品の事故により生じた損害の責任は輸入元にあり、輸入先には責任がないと考えている

CASE 29 反社会的勢力との関係遮断

～安い会社が一番!? ～

コンプライアンス意識にはやや不安がある課長の黄田。成長途上の若手社員二人……。コンプライアンスリーダーの緑山が目を離すと、すぐに問題発生 !? さてさて、今日はどんな事件が起こるのでしょうか？

もしも、これから取引しようとしている相手に反社会的勢力の疑いがあったら、あなたはどうしますか？

コンプラ株式会社、営業第一課オフィス。

営業第一課の課長、黄田良男は、直属の部下にあたる白石亮一と話をしていた。

「そういえば、例の仕事を依頼する会社って決めたか？」

「はい。見積もりを取ったんですが、けっこう差があって……」

そう言って、白石は用意していた見積もりを順番に並べていく。

黄田は腕を組み、それを見比べていく。とはいえ、それほど重要な仕事ではないので、別にひいきにしている会社に依頼しなくてもいいし、はっきり言えば一番安いところでかまわない。

「えっと、この中で一番安いのは……」

「それなら、ここですね」

白石が一枚の見積もりを手に取り、差し出してくる。見てみると、確かに安い。

普段なら即決してしまうところだが、あるものが引っかかった。白石の目が、ずっと落ち着きなく泳いでいるのだ。

「なんか浮かない顔だな。何か心配ごとでもあるのか？」

「ええ、まぁ……」

釈然としない返事だ。黄田は持っていた資料を置き、「何かあるなら言ってみろ」と続きをうながす。

「そこの会社、ちょっと嫌な噂があって」

「嫌な噂？」

そう聞き返すと、白石は相変わらず表情をくもらせたままうなずいた。

「ネットで調べたら、あまりいい評判の会社じゃなくて。安くても、依頼したら後でトラブルになったとか」

「うむ……。まぁ、なんでも安いものには理由があるからな」

タダほど高いものはない、という言葉もある。この会社はさすがにタダではないが、人件費を削減するあまり仕事が遅い、あるいは早さを重視して欠品だらけ、などという会社も過去に遭遇したことがあるので、そういう意味では値段だけで決めるのは危険だ。

「だが、そこまで重要な仕事じゃないしなぁ。ただ、数が多いから少し手伝ってもらいたいだけなんだが……」

しかし、本当に依頼した後にトラブルが発生したら、その処理で二度手間になりそうだ。

悩む黄田に、白石が追い打ちをかける。

「あと、反社会的勢力の関係者が実質オーナーとかいう書き込みがあったんです」

「反社会的勢力だと？」

それは仕事の質が悪いとかの次元の問題じゃないな、とさすがに身がまえる黄田。

コンプラ株式会社としては、徹底的にそういった組織とのつながりを絶つ姿勢をつらぬいているし、他の会社も同様だろう。だが、反社会的勢力と関わりを持つ企業というのは、巧妙にその事実を隠してまぎれこんでおり、結果的に関わりを持ってしまう——ということが後を絶たないという。

黄田はうなり、もう一度見積もりに視線を落とした。

そんな噂があるなら、別の会社にした方がいいとは思う。思うが……それにしては、この金額はあまりにも魅力的だ。

「でも、ネットの噂なんだろ？」

「そうですね。もしかしたら、ライバル会社が評判を落とすために事実をねつ造した可能性もありますし」

「今後継続して発注するわけじゃないしな。……大丈夫だよな」

「考えすぎですよね。わかりました、この会社に……」

「ちょっと待ってください！」

その時、ガタン！　と音がして、さっきからデスクで話を聞いていた緑山優子と青木千夏が同時に椅子から立ち上がり、声をそろえた。

「本気ですか、課長!?　その判断が間違っていることを、私が一から説明します！」

緑山が厳しい口調で説明を始めた。

反社会的勢力とは、暴力、威力と詐欺的手法を駆使して経済的利益を追求する集団または個人をいい、暴力団や暴力団関係企業だけではなく、総会屋なども含まれます。

反社会的勢力は、企業などに対して、暴力的な要求行為、法的な責任を超えた不当な要求行為をし、企業に多大な被害を生じさせることもあるんですよ。

そのため、企業防衛の観点からも、反社会的勢力に屈せずに関係を遮断することが必要不可欠です。

取引先に反社会的勢力の疑いがある場合には、一人で悩まず、必ず、上司や担当部署に相談するべきです。

「火のない所に煙は立たないっていうじゃないですか！　やめてくださいよ！」

青木は、あまりにも安易な判断をしそうになった黄田にあきれているようだ。

「そうですよ。白石さん一人ならともかく、課長まで一緒になって何やってるんですか！」

緑山もそれに続く。

「うう……すまん」

怒った緑山には、基本的に逆らえない。彼女の言葉は厳しいが、全て正論だからだ。

たじたじの黄田に代わり、白石がおそるおそる尋ねる。

「噂でも、やっぱり警戒した方がいいんですか？」

「当然よ。念には念を入れた方がいいわ」

「わかりました。総務部に確認して、本当に危なそうだったら違う会社にします」

白石が手早く資料を片付ける。総務部を通すなら、心配するようなことも起こらないだろう。

黄田は安心し、仕事の早い部下の肩を叩いた。

「そうだな。よし、白石くん、後は任せた！」

「後は任せたじゃありません！　そもそもですね、課長はコンプライアンスを軽視しすぎです！」

まずい、と思ったがすでに後の祭りだ。緑山は完全に説教モードに入っている。

黄田の視界の端で、足音を殺してゆっくりと逃げる白石の姿が映った。

「あっ、この薄情者！　俺を一人残して逃げるんじゃない！」

「聞いてるんですか、課長！」

「ひー！」

その後、白石は無事に逃亡し、残された黄田は一時間近くに及び、緑山のありがたい説明を受け続けたのだった。

CASE29＊POINT

【今回の事件】

1 白石は、黄田に、新しい仕事の発注先について、反社会的勢力という噂があると伝えるが、黄田はダントツで安いし、噂にすぎないのだから問題ないだろうとその業者に決めようとした

優子からのアドバイス

1 反社会的勢力とは、暴力、威力と詐欺的手法を駆使して経済的利益を追求する集団または個人をいい、暴力団や暴力団関係企業だけではなく、総会屋なども含まれる

2 反社会的勢力は、企業などに対して、暴力的な要求行為、法的な責任を超えた不当な要求行為をし、企業に多大な被害を生じさせることもあり、企業防衛の観点からも、反社会的勢力との関係を遮断することが必要不可欠である

3 取引先に反社会的勢力の疑いがある場合には、1人で悩まず、必ず、上司や担当部署に相談するべきである

＊ NGチェック＊

・とにかく安い業者に依頼すればよいという雰囲気がある

・新規の取引先について、きちんと調べずに仕事を依頼することがある

・反社会的勢力の排除等に関する条項を盛り込んでいない契約書を使っている

CASE 30 廃棄物の適切な取扱い

～処理責任はだれにある？～

コンプライアンス意識にはやや不安がある課長の黄田。成長途上の若手社員二人……。コンプライアンスリーダーの緑山が目を離すと、すぐに問題発生 !?

さてさて、今日はどんな事件が起こるのでしょうか？

産業廃棄物の処理。「業者に任せればそれで仕事は終わり」と思っていませんか？

コンプラ株式会社、三階廊下。

営業第一課のコンプライアンスリーダー・緑山優子がランチを終えて給湯室に向かっていると、見覚えのある背中を見つける。

後輩の青木千夏だ。それともう一人、女性社員がいる。

仲良く話をしているという雰囲気ではない。近くに行くと、もう一人の女性社員はかなり落ち込んでいる様子だ。

「どうしたの？」

「あ、緑山さん。実は、内藤さん、総務部の課長に怒られちゃったらしくて」

どうやら、青木と一緒にいるのは総務部の内藤洋子のようだ。泣いていたらしく、まぶたの下の目が赤く充血している。

何があったのかは知らないが、こっぴどく叱られてしまったらしい。

「そうなんだ……」

「でも内藤さんは悪くないんですよ。産業廃棄物処理の業者を手配しただけなのに……」

「ふーん？」

興味を持った緑山に、青木が内藤に代わって、どういう経緯だったか話し始める。

「内藤さん、この間の展示会で出た産業廃棄物の処理を、いつもの処理業者に頼めなかったので、別の新しい業者にお願いしたんですって。そしたら、その業者では処理できないものが含まれてたみたいで……」

「それで？」

「それで課長から叱られたみたいなんです。でも業者は、なんでも引き取りますって言っていたみたいなんですよ」

自分の同期が理不尽なお叱りを受けたと思っているせいか、青木は眉をつり上げ、イライラした口調だった。

このままでは、怒った青木が総務部に乗りこんでしまう可能性もある。緑山は彼女をなだめるため、なるべく刺激しないよう穏やかに言った。

「そう言われても、本当にその業者が処理する許可を持っているかどうかを確認しなくてはダメよ。産業廃棄物処理の責任は、うちの会社にあるの」

「そうなんですか？」

きょとんとした顔で異口同音にそう聞き返す二人に、これから同じような誤解をさせないためにも、緑山は説明を始めた。

廃棄物処理法では、事業者は、事業活動に伴って生じる廃棄物を自らの責任で適正に処理しなければならないとされてるの。

廃棄物には、一般廃棄物と、事業活動に伴って生じる法令で定められている二十種類の産業廃棄物があるわ。このうち産業廃棄物について、事業者自らが処理できない場合は、産業廃棄物処理業の許可を受けた処理業者に処理を委託することができるわ。ただ、その場合でも、処理責任は廃棄物を排出した事業者にあるの。

また、産業廃棄物のうち、爆発性、毒性、感染性のあるものは特別管理産業廃棄物と呼ばれ、特別の許可を受けた処理業者でなければ処理できないわ。

だから産業廃棄物の処理を委託する際には、処理に必要な許可を受けているか確認する必要があるのよ。


「……というわけなの。わかった？　二人とも」

「産業廃棄物の処理って、業者に頼めば仕事は終わり、って思ってました」

そう言う青木に、内藤もうなずく。

上司が内藤を叱る理由もわかるが、これは彼女だけの責任ではないように思える。そういう大事なことは、最初のうちに教えておくべきことだ。

「処理は委託できても、『処理責任』は私たち事業者にあるってこと。注意してね」

「わかりました。教えていただき、ありがとうございます」

「私も勉強になりました！」

青木が元気よくそう言ったところで、営業第一課に所属する白石亮一が歩いてくるのが見えた。

「お疲れさまです」

どこかへ用事を片付けに行く途中なのか、軽く会釈をしただけで白石は立ち去ろうとする。

「あっ、白石さん！　知ってますか、産業廃棄物のこと！」

さっそく新しい知識を披露したいのか、その背中を青木は追いかけていってしまった。後には、苦笑する緑山と、内藤だけが残される。

内藤とはあまり接点がないので、二人きりで取り残されると少し気まずい。彼女も同じことを感じているはずなのに、どうして立ち去らないのだろう。

そう思った時、緑山は内藤がキラキラした目でこちらを見つめていることに気づいた。

「どうしたの？　内藤さん」

「緑山さんって、厳しくてコワイ先輩だって青木さんから聞いてたんですけど、すごく物知りなんですね！」

思わぬ密告を受け、緑山は笑顔のまま、後で青木に事実の真偽を確認しようと心の中で決める。

「私、尊敬しちゃいます！」

「ありがとう」

こうも真正面から「尊敬する」と言われると、恥ずかしいというか、なんとなくこそばゆい。

青木と白石が立ち去った後でよかった、とひそかに思う。もしあの二人がいたら、「緑山さんが照れてるなんて、明日は雪が降るにちがいない！」とかなんとか言って大騒ぎしそうだ。

そんな緑山の心のうちをよそに、内藤がいきなりガシッと手をつかんでくる。

「これからも、私にコンプライアンスについてレクチャーしてください！　あと、緑山先輩って呼んでもいいですか？」

「ええっ⁉」

冗談じゃない。これ以上後輩が増えたら面倒見きれないわ！

緑山は心の中でそう叫ぶと、素早く回れ右をした。

「ごめん、私、これから用事があるから失礼するわね！」

「ええっ！　待ってください、緑山せんぱーい！」

平和な春の昼下がり、三階の廊下には逃げる緑山の靴音と、追いかける内藤の声が響いたのだった。

CASE30＊POINT

【今回の事件】

1 青木の同期が、産業廃棄物処理業者の「なんでも引き取ります」という言葉をうのみにして処理を依頼したら、実際には、その業者では処理できない廃棄物が含まれていたことがわかった

優子からのアドバイス

1. 事業者は、事業活動に伴って生じる廃棄物を自らの責任で適正に処理しなければならない
2. 産業廃棄物を自ら処理できない場合は、産業廃棄物処理業の許可を受けた処理業者に処理を委託することができるが、処理責任は排出した事業者にある
3. 産業廃棄物のうち、爆発性、毒性、感染性のある特別管理産業廃棄物は、特別の許可を受けた処理業者でなければ処理できないため、委託する際には、業者が処理に必要な許可を受けているか確認する必要がある

＊ NGチェック＊

・産業廃棄物処理は、委託先に任せた時点で業務が終了するという意識がある

・廃棄物の処理については、業者の説明を聞くだけで、その業者の処理方法を確認しないことがある

・産業廃棄物処理は、安価な業者がいいと思っている

おわりに

いかがでしたか？

「コンプライアンス」が、少しでも身近になったでしょうか？

テレビやネットで話題になっている企業の事件も、元をたどれば、社員のコンプライアンス意識が欠けていたことが原因、ということも少なくありません。SNSの発達により、たった一人の社員の無責任な行動により、企業に多くの批判が寄せられたり、社員の名前が特定され、その家族までもが非難にさらされる可能性すらあります。

もしも、「これって問題かな？」と疑問を感じたときは、立ち止まって、「法令やルールに違反していないか」「家族や友人に自信を持って話せるか」「第三者として、テレビやネットで見たらどう思うか」を考えてみてください。ひとつでも引っかかることがあれば、要注意。「その行動は、本当に正しいのか」「本当に自分のためになるのか」を自分に問いかけてみましょう。

本書が、あなたが、社会のルールを守って、安心して働くための助けになれば幸いです。

【編監修者】

編　　集　中村葉志生（株式会社ハリーアンドカンパニー代表取締役）

法律監修　上村剛（東京丸の内法律事務所弁護士）

　　　　　小堀光一（弁護士法人キャスト上海事務所首席代表弁護士）

　　　　　野中信孝（ＴＭＩ総合法律事務所弁護士）

【制作スタッフ】

ブックデザイン　株式会社榎本事務所

作　　者　橋本愛理

作　　画　煮たか

イラスト協力　田村静香（アミューズメントメディア総合学院）

　　　　　三浦奈緒（大阪アミューズメント専門学校）

サービス・インフォメーション

通話無料

①商品に関するご照会・お申し込みのご依頼
TEL 0120(203)694／FAX 0120(302)640
②ご住所・ご名義等各種変更のご連絡
TEL 0120(203)696／FAX 0120(202)974
③請求・お支払いに関するご照会・ご要望
TEL 0120(203)695／FAX 0120(202)973

●フリーダイヤル(TEL)の受付時間は、土・日・祝日を除く
9:00〜17:30です。
●FAXは24時間受け付けておりますので、あわせてご利用ください。

ショートストーリーでらくらく学べるコンプライアンス
〜緑山優子のコンプライアンス事件簿〜

平成29年9月10日　初版発行

発行者　田　中　英　弥

発行所　第一法規株式会社
〒107-8560　東京都港区南青山2-11-17
ホームページ　http://www.daiichihoki.co.jp/

ブックデザイン　株式会社榎本事務所
作　者　橋本愛理
作　画　煮たか
印　刷　株式会社光邦

コンプラ事件簿　ISBN978-4-474-05641-1　C0032 (6)